HEYNE
BÜCHER

HEYNE KOCHBÜCHER

Ursula Paschen

DAS TRENNKOST BACKBUCH

Für alle, die auch beim Backen dem gesunden Trend der Trennkost folgen wollen

Originalausgabe

WILHELM HEYNE VERLAG
MÜNCHEN

HEYNE KOCHBUCH
07/4658

Printed in Germany 1993
Umschlaggestaltung: Atelier Ingrid Schütz, München
Umschlagfoto: Studio L'Eveque, München
Satz: Schaber Datentechnik, Wels
Druck und Bindung: RMO-Druck, München

ISBN 3-453-06988-9

INHALT

Eiweißrezepte

Abkürzungen und Erklärungen:

EL = Eßlöffel
KL = Kaffeelöffel
TL = Teelöffel = ½ Kaffeelöffel
ML = Meßlöffel (liegt der Biobin-Dose bei)
Msp = Messerspitze
g = Gramm
l = Liter
ml = Milliliter = $\frac{1}{1000}$ l (1 g)

Vorwort

Frau Paschen hat in ihrem Backbuch nicht nur den Anspruch auf Vollwertigkeit der Lebensmittel, den die Vollwertküche voraussetzt, in vorzüglicher Weise herausgearbeitet, sondern gleichzeitig die Richtlinien der Trennkost, wie sie Dr. Howard Hay festgelegt hat, berücksichtigt.
Sie hat diese Regeln zu Beginn leicht verständlich erklärt und in den folgenden Rezepten in die Praxis umgesetzt. Was grundsätzlich beim Backen beachtet werden muß, führt sie bei den einzelnen Rezepten immer wieder an, so daß auch Anfänger die Kunst des vollwertigen Backens leicht erlernen können. Jedoch erfahren auch geübte Hausfrauen und -männer beziehungsweise Hobbyköche viel Neues.
Koch- und Backbücher für Vollwertkost gibt es viele, für Trennkost allerdings nur wenige. Frau Paschen hat sich die Mühe gemacht, Rezepte trennkostgerecht auszuprobieren und aufzuschreiben.
In der heutigen Zeit, da die toxische Gesamtsituation bei so vielen Menschen Krankheit und Leid verursacht, ist die Ernährungsumstellung ein notwendiger Schritt, die eigene Gesundheit wiederzugewinnen und zu stabilisieren.
Das Buch von Frau Paschen bietet dazu eine wertvolle Hilfe.

Homberg/Ohm, 1993 Dr. Thomas Heintze

Was ist unter der Hayschen Trennkost zu verstehen?

Der Mediziner Dr. Howard Hay lebte und arbeitete in Amerika. Als er an einem Nierenleiden erkrankte und ihm keiner seiner Kollegen helfen konnte, begann er mit Eigenexperimenten, um seiner Erkrankung Herr zu werden.
Unter anderem stellte er seine Ernährungsgewohnheiten um, indem er innerhalb einer Mahlzeit die konzentriert eiweißhaltigen von den konzentriert kohlenhydrathaltigen Nahrungsmitteln trennte. Zudem schränkte er den Genuß von Kohlenhydraten und Eiweißen deutlich ein und erhöhte die Nahrungsaufnahme von Obst, Gemüse und Salat.
Durch diese Ernährungsumstellung heilte er sich selbst; er konnte seine Tätigkeit als Arzt wieder aufnehmen und noch viele Jahre in den Dienst der Menschen stellen.
Von seinen Erfahrungen profitieren wir noch heute – Jahrzehnte nach seinem Tod. Vor allem in Anbetracht der Tatsache, daß unsere Nahrungsmittel immer weniger naturbelassen sind, gewinnen seine Erkenntnisse in der heutigen Zeit für uns immer mehr an Bedeutung.
Auf Grund seiner persönlichen Erfahrung stellte Dr. Hay den Säure-Basen-Haushalt in den Mittelpunkt seiner Überlegungen. Alle Erkrankungen gehen mit einer Übersäuerung des Organismus einher. Von daher ist es sinnvoll, die Nahrung so zusammenzustellen, daß einer Übersäuerung durch die Nahrungsaufnahme

entgegengewirkt wird. Übergewicht, Antriebsschwäche und ständige Müdigkeit sind Vorboten einer Erkrankung. Dr. Hay nennt vier Gründe, die er für einen entgleisten Säure-Basen-Haushalt verantwortlich macht:

1.) Die Verwendung von unnatürlichen Nahrungsmitteln,
2.) die zu häufige Verwendung von Kohlenhydraten und Eiweiß,
3.) die verzögerte Verdauung,
4.) die falsche Zusammensetzung der Nahrungsmittel.

Erläuterungen

Zu Punkt 1

Die Verwendung von unnatürlichen Nahrungsmitteln:

Zu den unnatürlichen, also den denaturierten Nahrungsmitteln, zählen alle sterilisierten und raffinierten, d. h. stark be- und verarbeiteten Nahrungsmittel. Das sind vor allem Auszugsmehl, isolierter Zucker, alle Konserven, alle Fertigprodukte, alle Lebensmittel, welche mit Zusatzstoffen versehen wurden. All diesen Nahrungsmitteln fehlen die lebensnotwendigen Inhaltsstoffe, die unser Körper benötigt, um fit und leistungsfähig zu sein. Wir versorgen unseren Organismus nur mit leeren Füllstoffen, d. h. wertlosen Kalorien, die unseren Körper übersäuern, ihn damit übergewichtig und krank machen.

Zu Punkt 2

Die zu häufige Verwendung von Kohlenhydraten und Eiweiß:

Sowohl Eiweiß als auch Kohlenhydrate sind Säurebildner und sollten deshalb nur in kleinen Mengen verzehrt werden, da sie sonst eine Übersäuerung unseres Organismus herbeiführen. Um einen ausgeglichenen Säure-Basen-Haushalt aufrechtzuerhalten, sollte unsere tägliche Ernährung zu 70 % aus Basenbildnern, d. h. Obst,

Gemüse und Salat, und zu 30% aus Säurebildnern, d. h. Kohlenhydraten **und** Eiweißen, bestehen.
Die meisten Menschen ernähren sich im umgekehrten Verhältnis.

Zu Punkt 3

Die verzögerte Verdauung:

Die verzögerte Stuhlentleerung stellt vor allem in den Industrieländern ein großes gesundheitliches Problem dar. Allzuoft wird nach Abführmitteln gegriffen, womit jedoch niemals die Ursache, sondern lediglich das Symptom behandelt wird. Viel sinnvoller ist es, seine Ernährung umzustellen. Wenn alle den Darm anregenden Stoffe, wie z. B. die Ballaststoffe im Vollkorngetreide fehlen, wird unser Darm immer träger. Der Speisebrei liegt viel zu lange in den Darmnischen. Durch Feuchtigkeit und Wärme kommt es dann zur Gärung. Die Folge davon sind Blähungen.
Bei der Ernährung nach den Prinzipien der Trennkost findet die Stuhlentleerung ca. nach 24 Stunden statt. Bei der sonst üblichen, nicht vollwertigen Mischkost kann dieser Prozeß bis zu 72 Stunden dauern.

Zu Punkt 4

Die falsche Zusammensetzung der Nahrungsmittel:

Leiden Sie an saurem Aufstoßen und Völlegefühl nach den Mahlzeiten? Dann sollten sie unbedingt die konzentrierten Eiweiße innerhalb einer Mahlzeit von den konzentrierten Kohlenhydraten trennen. Nach Dr. Hay widerspricht es der Chemie des Körpers, diese Nahrungsmittel innerhalb einer Mahlzeit zusammen zu verzehren.
Überwiegend eiweißhaltige Nahrungsmittel benötigen zur Verdauung ein saures Milieu; Kohlenhydrate dagegen brauchen ein basisches Milieu.
Verzehrt man beide Nahrungsmittelgruppen zusammen innerhalb

einer Mahlzeit, so behindern sich die jeweiligen Enzyme bei der Verdauung gegenseitig, so daß es zu einer verzögerten Verdauung kommt. Dies führt dazu, daß der Speisebrei viel zu lange im Verdauungstrakt liegen bleibt und durch Feuchtigkeit und Wärme in Gärung übergeht, was wiederum unseren Organismus übersäuert.

In der *Hayschen Trennkost* werden die konzentriert kohlenhydrathaltigen von den konzentriert eiweißhaltigen Nahrungsmitteln innerhalb einer Mahlzeit getrennt.

Eßpausen von mindestens drei bis vier Stunden müssen eingehalten werden, wenn von einer kohlenhydrathaltigen auf eine eiweißhaltige Mahlzeit gewechselt wird.
Die *Haysche Trennkost* stellt immer eine vollwertige Ernährungsweise dar.
Nachfolgend finden Sie eine Nahrungsmittelliste, der Sie entnehmen können, welcher Gruppe die jeweiligen Lebensmittel zugerechnet werden.

Aufteilung der Nahrungsmittel

nach Dr. Hay

Konzentrierte Nahrungsmittel

Eiweißgruppe

Eier, Fisch, Fleisch
gekochte Wurstsorten wie Bratwurst, Würstchen, Rindswurst, Fleischwurst, Corned Beef
gekochter Schinken
Milch, Käse bis 55 % Fett i. Tr.
Sojaprodukte
gekochte Tomaten, gekochter Spinat
alle Obstsorten, außer Bananen, Datteln und Feigen
Obst- und Kräuteressig
Sekt, Wein

Kohlenhydratgruppe

Vollkorngetreide, Vollkornmehl, Vollkornbrot
Vollkornnudeln ohne Ei
Naturreis
Bananen, Datteln und Feigen
Kartoffeln, Topinambur, Schwarzwurzeln, Grünkohl
Trockenobst
Honig, Apfel- und Birnendicksaft
Sesam, Sonnenblumenkerne
Carob
Bier

Neutrale Nahrungsmittel

Unraffinierte Öle aus der 1. Pressung, ungehärtete Fette, Butter, fetter Speck
Sahne süß und sauer
alle angesäuerten Milchprodukte wie Kefir, Buttermilch, Joghurt, Dickmilch
alle Weißkäsesorten wie Quark, Schafkäse, Mozzarella, Hüttenkäse, Doppelrahmfrischkäse, Handkäse
alle Käsesorten ab 60 % Fett i. Tr.
alle rohen, geräucherten und luftgetrockneten Wurstsorten wie: Rinder- oder Putensalami, roher Schinken, Tatar, Bündnerfleisch, Blutwurst, jedoch keine Zungenblutwurst
roher und geräucherter Fisch wie Herings- und Matjesfilet, Räucherlachs, Räucherforelle, Räuchermakrele
alle Blattsalatarten, alle Gemüsearten außer Grünkohl, Schwarzwurzeln, gekochten Tomaten und gekochtem Spinat
Pilze
Heidelbeeren
alle Nüsse außer Erdnüssen
alle Kräuter
alle Keimlinge und Sprossen
Muskat, Curry, Paprikapulver, Kräutersalz, Vollmeersalz, Knoblauch
Brottrunk
Agar-Agar, Biobin
alle Kräuter- und Früchteteesorten
Korn- und Wacholderschnaps

> Die neutralen Nahrungsmittel dürfen mit denen aus der Eiweiß- und Kohlenhydratgruppe gleichzeitig verzehrt werden, aber niemals die Lebensmittel aus der Eiweiß- mit denen aus der Kohlenhydratgruppe!

Nicht erlaubte Nahrungsmittel:

Auszugsmehlprodukte wie Brot, Kuchen, Nudeln, polierter Reis
isolierter Zucker und alle Zuckerprodukte, Marmeladen, Gelees, Süßstoff, Kakao
Hülsenfrüchte, Erdnüsse
rohes Eiweiß von Eiern
Rhabarber
Senf, Fertigmayonnaise
fertige Suppen und Saucen
Essigessenz
alle Mager- und Leichtprodukte.

Backen nach der Hayschen Trennkost

Da bei der Hayschen Trennkost innerhalb einer Mahlzeit die konzentriert eiweißhaltigen von den konzentriert kohlenhydrathaltigen Nahrungsmitteln getrennt werden, ergeben sich zwei Gruppen:
einmal die *überwiegend kohlenhydrathaltigen Rezepte* und zum anderen die *überwiegend eiweißhaltigen Rezepte.*

Erklärungen und Tips

Da es sich bei der Hayschen Trennkost um eine Vollwerternährung handelt, sollte nur mit Vollkorngetreide gebacken werden. Falls Sie keine eigene Getreidemühle besitzen, so haben Sie eventuell eine Küchenmaschine zu Hause? Für die meisten dieser praktischen Helfer gibt es heute einen Getreidemühlenaufsatz zu einem erschwinglichen Preis. Fragen Sie in Ihrem Fachgeschäft danach! Sollte Ihnen jedoch die Anschaffung eines solchen im Augenblick nicht möglich sein, so können Sie im Naturkostladen oder im Reformhaus Ihr Getreide frisch mahlen lassen. Dieses ist ca. eine Woche zu Hause im Küchenschrank haltbar. Es gehen zwar durch das Lagern einige Inhaltsstoffe verloren, aber Ihr Vollkornmehl ist immer noch wertvoller als Auszugsmehl. Eine andere Möglichkeit besteht darin, das Mehl in Portionen, etwa pfundweise, einzufrieren. Keine Angst, das Mehl ist nach dem Auftauen auch weiterhin rieselfähig!

Was ist zu tun, wenn die Familie die Vollkornbackwaren ablehnt?

Es ist völlig zwecklos, die Familie gegen deren Willen von heute auf morgen mit Vollkornbackprodukten »beglücken« zu wollen. Haben Sie Verständnis und lassen Sie Ihren Lieben Zeit! Ich halte es für sinnvoller, den Weg der kleinen Schritte zu gehen, als »einmal Vollkorn – nie mehr Vollkorn« zu hören.
Mischen Sie zum Backen etwa 50 % Vollkornmehl mit 50 % Auszugsmehl. Beachten Sie aber bitte, daß Sie dann für diese Teige etwas weniger Flüssigkeit benötigen als bei reinen Vollkornteigen. Bei Brötchen z. B. sollte der Teig weich sein, jedoch noch die Form halten. Bleiben Sie ca. vier Wochen bei dieser Backweise. Nach und nach erhöhen Sie den Vollkornanteil. Spätestens nach einem Jahr ißt Ihre Familie gerne die vollwertigen Backwaren.
Um Ihnen die Bedeutung des zunehmenden Vollkornanteils bewußt zu machen, schauen wir uns das Getreide einmal genauer an:

Ein Getreidekorn besteht aus dem Mehlkörper, dem Keimling und den inneren und äußeren Randschichten.
Der Mehlkörper enthält Stärke und Klebereiweiß. Dieses Klebereiweiß ist für das Backen sehr wichtig, denn nur damit gelingen uns Kuchen und Brot.
Der Keim enthält Enzyme, Vitamine, Mineralstoffe und Fett, vor allem die essentielle Linolsäure. Bei dieser mehrfach ungesättigten Fettsäure sowie den Vitaminen und den Mineralien, handelt es sich um essentielle Inhaltsstoffe, die wir zur Aufrechterhaltung unserer Gesundheit mit der Nahrung dem Körper zuführen müssen. Durch den fetthaltigen Keim ist das gemahlene Getreidekorn jedoch nicht lange lagerungsfähig, und es empfiehlt sich, das gemahlene Getreide alsbald zu verbrauchen.
Die inneren und äußeren Randschichten enthalten ebenfalls Enzyme, Vitamine, Mineralien und ganz wenig Fett sowie gerin-

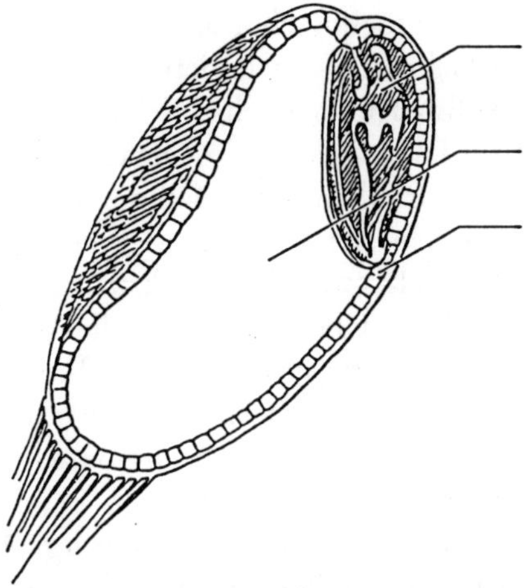

ge Mengen von Eiweiß. Vor allem enthalten sie aber Ballaststoffe, die für eine gesunde Ernährung eine wesentliche Bedeutung haben.
Beim Auszugsmehl werden der Keim sowie die inneren und äußeren Randschichten vom Getreidekorn abgetrennt. Übrig bleibt nur der Mehlkörper, welcher isoliert für unsere Gesundheit von untergeordneter Bedeutung ist. Es fehlen uns die lebensnotwendigen essentiellen Inhaltsstoffe, vor allem die Vitamine des B-Komplexes, die Mineralien und die mehrfach ungesättigte Linolsäure. So sind wir trotz eventueller Überernährung oft mangelversorgt, d. h. unterernährt an lebensnotwendigen Inhaltsstoffen – wir fühlen uns müde und schlapp.
Sie sehen, wie wichtig eine vollwertige Ernährung für unser geistiges und körperliches Wohlbefinden ist.
Beim Süßen sollte von Anfang an auf den Gebrauch von isoliertem Zucker oder Zuckeraustauschstoffen (Süßstoffen) verzichtet werden. Zur Verstoffwechslung von isoliertem Zucker sind Vit-

amine des B-Komplexes erforderlich. Bei der üblichen Backweise mit Auszugsmehl leiden wir ohnehin schon an einem Vitamin-B-Mangel, der durch den Gebrauch von isoliertem Zucker noch verstärkt wird. Bei den **Süßstoffen** handelt es sich um künstliche Süßungsmittel, die nur zur Übersäuerung des Organismus beitragen. Das Problem besteht vor allem darin, daß die meisten von uns eine viel zu hohe Süßschwelle haben. Der jahrzehntelange Gebrauch von Süßstoff hat nicht etwa dazu geführt, daß der Zuckerverbrauch gesenkt und damit Übergewicht und die daraus folgenden gesundheitlichen Probleme in unserer Bevölkerung geringer wurden, sondern eher noch das Gegenteil bewirkt. Demnach sollten wir auf diese unnatürlichen Nahrungsmittel unserer Gesundheit zuliebe verzichten.

Zum Süßen stehen uns in der Vollwertküche **Honig, Apfel-** und **Birnendicksaft, Vollrohrzucker, Trockenobst** sowie **frisches Obst,** wie z. B. Bananen, zur Verfügung.

Die Bienen liefern uns immer beste Honigqualität. Was wir Menschen aber mitunter daraus machen, ist alles andere als ein Naturprodukt. Deshalb achten Sie darauf, daß Ihr Honig so naturbelassen wie möglich ist. Die Bezeichnung »nicht wärmebehandelt« deutet darauf hin, daß der Honig naturbelassen ist. In der Mehrzahl meiner Rezepte verwende ich Honig, und hier am liebsten Wildblütenhonig, da er keinen so starken Eigengeschmack hat, wie z. B. Akazienhonig.

Zu Beginn der Ernährungsumstellung dürfen Sie den Honig 1:1 gegen isolierten Zucker austauschen. Nach und nach sollten Sie den Honigverbrauch aber unbedingt drosseln, damit die Süßschwelle gesenkt wird und Sie den Geschmack der einzelnen Nahrungsmittel wieder intensiver wahrnehmen.

Bei **Apfel-** und **Birnendicksaft** handelt es sich um konzentrierte, eingedickte Obstsäfte ohne Zuckerzusatz.

Beim **Vollrohrzucker,** auch als Sucanat oder Ursüße bekannt, handelt es sich um gepreßten Zuckerrohrsaft. Dieser wird gefiltert, im Vakuum eingedickt und anschließend getrocknet und vermahlen. Sein Geschmack ist malzig; daher nicht uneingeschränkt verwendbar.

Trockenobst wird mehrere Stunden mit wenig Wasser eingeweicht, anschließend kleingeschnitten und verarbeitet, etwa zu Früchtebrot.

Mit **frischem Obst** wie Bananen, Feigen oder Birnen lassen sich Nachspeisen süßen.

In den Rezepten verwende ich ausschließlich **Butter** zum Backen. Es ist das reinste tierische Fett, das uns zur Verfügung steht.

Wenn Sie **Margarine** bevorzugen, so achten Sie bitte auf die Bezeichnung »ungehärtete Margarine« auf der Verpackung. Bei diesen Sorten handelt es sich um weniger stark manipulierte Fette.

Zum Einfetten der Backformen und -bleche verwende ich neben Backpapier **ungehärtetes Kokosfett.** Zum einen hat das Kokosfett einen sehr hohen Siedepunkt und ist von daher zum Einfetten besonders geeignet und zum anderen handelt es sich bei »ungehärtetem Kokosfett« ebenfalls um ein weniger be- und verarbeitetes Produkt.

Die normalen Plattenfette und Margarinesorten werden aus flüssigen, gereinigten Ölen hergestellt. Bei der Härtung werden alle Vitamine vollständig zerstört.

Bei den **Ölen** achten Sie bitte auf die Bezeichnung »unraffiniertes, kaltgepreßtes Öl« oder »natives Öl«. Dabei handelt es sich um hochwertige Öle. Sie werden aus der ersten mechanischen Pressung ohne zusätzliche Temperatur von außen gewonnen. Nach der Pressung werden diese Öle nur gefiltert und enthalten noch fast alle Inhaltsstoffe der reifen Ölfrüchte bzw. -samen.

Vermeiden Sie Ihrer Gesundheit zuliebe alle extrahierten und raffinierten Öle, alle gehärteten Fette, alle Diät- und Leichtfette.

Sämtliche **Gewürze** wie z. B. Anis sind erlaubt, dagegen wird auf künstliche Aroma- sowie Farbstoffe grundsätzlich verzichtet.

Folgenden **Hinweis** möchte ich Ihnen noch geben, damit Kuchenfüllungen und Garnierungen nicht mißlingen: Bei süßen Füllungen oder Verzierungen mit Honig und Milchprodukten, z. B. Sahne, Quark u. a. sollten Sie unbedingt wiederholtes »Schlecken« vermeiden. Probieren ja, aber bitte nur einmal, und zwar mit einem sauberen Löffel. Die im Mundspeichel vorhandenen kohlenhydratspaltenden Enzyme können eine süße Quark- oder Sahnemasse durch mehrfaches Probieren mit demselben Löffel oder gar Finger wieder flüssig machen, obwohl sie bereits steif geschlagen waren, so daß sie sich anschließend nicht mehr festigen lassen!

Sprossen und Keime

Das Ziehen von Sprossen und Keimen ist vor allem im Winterhalbjahr, durch die jahreszeitlich bedingte geringe natürliche Quelle der Vitaminversorgung von Bedeutung.
Durch das Keimen erhöht sich der Vitamingehalt des »Saatguts«. Außerdem versetzt der Keimvorgang die Mineralsalze in eine andere molekulare Form, was zur Folge hat, daß **alle** Keimlinge, egal welchen Ursprungs, in der Trennkost als **neutrale Nahrungsmittel** eingestuft werden können. Dies bedeutet, daß Keimlinge sowohl zur eiweißhaltigen, als auch zur kohlenhydrathaltigen Mahlzeit verzehrt werden dürfen.
Da ich mehrere Rezepte mit Keimlingen angegeben habe, hier die wichtigsten

Informationen über das Keimen:

Zum Keimen nicht geeignet sind Kartoffeln und Tomaten, da es sich hierbei um Nachtschattengewächse handelt und diese solaninhaltig sind. Ebenfalls nicht geeignet ist Saatgut, das für die Aussaat gedacht ist, da dieses meist mit Schädlingsbekämpfungsmitteln behandelt wurde.
Zum Keimen geeignet ist alles im Handel speziell dafür ausgewiesene Saatgut sowie alle Getreidearten, Hülsenfrüchte, Sojabohnen und Sonnenblumenkerne.
Die Samen dürfen nicht beschädigt sein, deshalb unbedingt vorher verlesen.
Gekeimt werden kann in speziellen Saatboxen (Reformhaus) oder

im Einmachglas. Auf keinen Fall auf Vlies, Styropor oder Watte keimen, da sich dort unerwünschte Mikroorganismen (Bakterien) sehr stark vermehren.

Das Keimen selbst:

1. Zerbrochene und fremde Samen entfernen.
2. In einem Sieb die Samen gründlich waschen.
3. Das Keimgefäß höchstens bis zu einem Drittel mit Keimgut füllen. Die dreifache Menge kaltes Wasser dazugeben. Beim Einmachglas die Öffnung mit einer Gaze abdecken und mit einem Gummiring befestigen.
4. Die Samen 4 bis 12 Stunden quellen lassen (siehe Tabelle).
5. Nach entsprechender Einweichzeit die Samen mit kaltem Wasser gründlich spülen und in einem Sieb abtropfen lassen. Die abgetropften Samen ohne Wasserzugabe in das Einmachglas zurückgeben und bei Zimmertemperatur weiter wachsen lassen. Nicht auf die Heizung stellen oder direkter Sonnenbestrahlung aussetzen.
6. Den Spülvorgang dreimal täglich wiederholen.
7. Wenn die Keimlinge die gewünschte Größe erreicht haben – je nach Art innerhalb von 2 bis 8 Tagen – möglichst rasch verarbeiten.

Sollten Sie einmal nicht alle Keimlinge verwenden können, bewahren Sie diese 1 bis 2 Tage abgedeckt im Kühlschrank auf. Beachten Sie, daß der Spülvorgang unbedingt dreimal täglich erfolgen muß.

So funktioniert das Keimen

Samen	*Einweichzeit in Stunden*	*Erntezeit in Tagen*
Alfalfa (Luzerne)	4–6	5–6
Azukibohnen*	12	3–5
Erbsen*	12	4–5
Kichererbsen*	12	3–5
Kresse	–	7–8
Linsen*	12	2–5
Mungobohnen*	12	2–5
Nacktgerste	12	2–3
Nackthafer	4	2–3
Reis	12	2–3
Rettich	6	3–4
Roggen	12	2–3
Senf	4–6	2–3
Sojabohnen*	28	4–5
Sonnenblumenkerne	12	3–4
Weizen	12	2–3

Bei allen mit einem * gekennzeichneten Samen handelt es sich um Hülsenfrüchte (Sojabohnen gehören auch dazu), die nach dem Keimen vor dem Verzehr kurz blanchiert werden müssen.

Blanchieren: Keimlinge in einem Sieb ca. 2–3 Minuten in kochendes Wasser halten. Herausnehmen und mit kaltem Wasser abschrecken. Jetzt sind diese Keimlinge zum Verzehr bereit.

Kohlenhydratrezepte

Backfermentbrote

Backfermentbrote sind durch die lange Teigführung besonders bekömmlich. Sie haben den Vorteil, sich lange frisch zu halten. Beim Backferment handelt es sich um ein Triebmittel bestehend aus Honig, Getreide und dem Mehl von Hülsenfrüchten. Es ist als Trockengranulat im Reformhaus oder im Naturkostladen erhältlich. Mit diesem Backgranulat wird in zwei Schritten der Grundansatz hergestellt:

Backferment-Grundansatz

Am besten beginnt man mit dem ersten Schritt morgens oder abends, so daß nach ca. 12 Stunden der zweite Schritt erfolgen kann. Der **Grundansatz,** wie auch der **Vorteig,** muß bei einer konstanten Temperatur von ca. 30 Grad gehen. Dies erreicht man am einfachsten, indem man die Lampe des Backofens einschaltet und diesen dabei geschlossen hält. Der Teig darf nicht austrocknen, daher ist es wichtig, daß er zum Ruhen bzw. Gehen abgedeckt wird.

1. Schritt: *100 g Weizen, fein gemahlen*
100 ml lauwarmes Wasser
10 g Backferment-Granulat

Alle Zutaten miteinander verrühren und in einer hohen Schüssel abgedeckt bei ca. 30 Grad 12 Stunden gehen lassen.

2. Schritt: *200 g Weizen, fein gemahlen*
100 ml lauwarmes Wasser

Zu dem bereits gegangenen Grundansatz geben und alles gut miteinander verrühren. Wieder abgedeckt bei ca. 30 Grad 12 Stunden gehen lassen.

Wenn sich das Volumen etwa verdreifacht hat, ist der Grundansatz reif. Er läßt sich in einem Schraubglas im Kühlschrank etwa 6 Monate aufbewahren.
Wem dieser Aufwand zu groß erscheint, der kann im Naturkostladen oder im Reformhaus fertigen Backferment-Grundansatz kaufen. Zum Backen von Backfermentbrot muß als nächster Schritt der Vorteig aus Backferment-Grundansatz und Backferment-Granulat mit feingemahlenem Getreide und Wasser hergestellt werden.

Sechskornbrot

Vorteig:
1 EL Backferment-Grundansatz
1 TL Backferment-Granulat · 250 g Weizenvollkornmehl
250 ml lauwarmes Wasser

Das Backferment-Granulat und den Grundansatz in dem Wasser auflösen und das Vollkornmehl hinzurühren. In einer hohen Schüssel abgedeckt etwa 12—16 Stunden konstant bei ca. 30 Grad im geschlossenen Backofen bei eingeschalteter Lampe ruhen lassen.

Hauptteig:
150 g Quinoa · 150 g Roggen · 150 g Hafer
150 g Nacktgerste · 150 g Hirse · 350—400 ml lauwarmes Wasser
15 g Vollmeersalz · 5 g Kokosfett · 1 Kastenform

Das Salz im Wasser völlig auflösen. Dieses Gemisch dann zum gut gegangenen Vorteig geben und gründlich miteinander verrühren. Das gesamte Getreide fein mahlen, zufügen und den Teig mit feuchten Händen intensiv durchkneten.
Eine Kastenform mit ungehärtetem Kokosfett auspinseln. Den Teig in die gefettete Form füllen und mit feuchten Händen glattstreichen. Mit einem Küchentuch abdecken und ca. 60 Minuten gehen lassen, bis sich an der Oberfläche Poren bilden.
Um ein gutes Backergebnis zu erzielen, ist es erforderlich, daß Feuchtigkeit im Backofen vorhanden ist. Deshalb stellt man eine Tasse Wasser mit in den Backofen.
Den Ofen auf 220 Grad vorheizen.
Das aufgegangene Brot bei 220 Grad ca. 30 Minuten backen. Die Temperatur auf 170 Grad reduzieren und das Brot ca. 30 weitere Minuten backen.
Es ist durchgebacken, wenn es beim Klopfen auf die Unterseite hohl klingt.

Kümmelbrot

Vorteig:
1 EL Backferment-Grundansatz
1 TL Backferment-Granulat · 250 g Roggenvollkornmehl
250 ml lauwarmes Wasser

Backferment-Grundansatz und Granulat im lauwarmen Wasser auflösen. Das feingemahlene Vollkornmehl zufügen und alles gut miteinander vermischen. Den Vorteig in eine hohe Schüssel geben und abgedeckt bei konstanten 30 Grad (im Backofen) ca. 12 bis 16 Stunden gehen lassen.

Hauptteig:
750 g Roggenvollkornmehl · 10 g Kümmel (1 EL)
350–400 ml lauwarmes Wasser · 15 g Vollmeersalz
5 g ungehärtetes Kokosfett · 1 Kastenform

Das Salz in lauwarmem Wasser auflösen, zu dem gut gegangenen Vorteig geben. Das feingemahlene Mehl mit dem Kümmel daruntermischen und mit feuchten Händen alles gut verkneten.
Die Kastenform mit Kokosfett ausstreichen und den Teig einfüllen. Mit einem Küchenhandtuch abdecken und bei ca. 28 Grad etwa 60 Minuten gehen lassen, bis sich an der Oberfläche Poren bilden.
In den Backofen eine Tasse mit Wasser stellen und den Ofen auf ca. 220 Grad vorheizen.
Den aufgegangenen Teig ca. 30 Minuten bei 220 Grad backen. Die Temperatur dann auf 170 Grad reduzieren und das Brot ca. 30 weitere Minuten backen.
Es ist durchgebacken, wenn es beim Klopfen auf die Unterseite hohl klingt.

Sonnenblumenbrot

Vorteig:
1 EL Backferment-Grundansatz
1 TL Backferment-Granulat · 250 ml lauwarmes Wasser
250 g Weizenvollkornmehl

Den Backferment-Grundansatz und das Granulat in dem lauwarmen Wasser auflösen, das feingemahlene Mehl dazugeben und alles gut miteinander vermischen. Den Vorteig in einer hohen Schüssel abgedeckt bei ca. 30 Grad (im Backofen) 12–16 Stunden gehen lassen.

Hauptteig:
500 g Weizenvollkornmehl · 250 g Sonnenblumenkerne
250–300 ml lauwarmes Wasser · 15 g Vollmeersalz
5 g Kokosfett · 1 Kastenform

250 g Sonnenblumenkerne in einer beschichteten Pfanne ohne Fett rösten und abkühlen lassen.

Das Salz in dem lauwarmen Wasser auflösen und zu dem gegangenen Vorteig geben. Das Vollkornmehl sowie 200 g der abgekühlten Sonnenblumenkerne zufügen und den Teig mit feuchten Händen kräftig durchkneten.

Die Kastenform mit dem Kokosfett einpinseln. Den Teig in die Form füllen und mit angefeuchteten Händen glattstreichen. Die Oberfläche des Brotes mit den restlichen Sonnenblumenkernen bestreuen. Den Brotteig mit einem Küchentuch abdecken und ca. 60 Minuten an einem warmen Ort gehen lassen, bis sich an der Oberfläche Poren bilden.

Den Backofen mit einer Tasse Wasser auf 220 Grad vorheizen. Den gegangenen Teig auf der mittleren Schiene ca. 30 Minuten bei 220 Grad vorbacken.

Die Temperatur auf 170 Grad reduzieren und das Brot ca. 30 weitere Minuten backen.

Es ist durchgebacken, wenn es beim Klopfen auf die Unterseite hohl klingt.

Haferbrot

VORTEIG:
1 EL Backferment-Grundansatz
1 TL Backferment-Granulat · 250 g Weizenvollkornmehl
250 ml lauwarmes Wasser

Den Grundansatz und das Backferment-Granulat im lauwarmen Wasser auflösen. Das feingemahlene Vollkornmehl dazugeben und alles gut miteinander verrühren. Diesen Vorteig in einer hohen Schüssel abgedeckt bei ca. 30 Grad (im Backofen) etwa 12 bis 16 Stunden gehen lassen.

HAUPTTEIG:
500 g Hafervollkornmehl · 250 g Hafervollkornflocken
250–300 ml lauwarmes Wasser · 15 g Vollmeersalz
1 Kastenform · 5 g Kokosfett

Das Salz in dem lauwarmen Wasser auflösen und zum gegangenen Vorteig geben. Das Vollkornmehl sowie 200 g Vollkornflocken zufügen und mit feuchten Händen zu einem geschmeidigen Teig verarbeiten. Die Kastenform mit dem Kokosfett einpinseln.
Den Teig in die Form füllen und mit angefeuchteten Händen glattstreichen. Die restlichen Haferflocken über die Oberfläche des Brotes streuen. Mit einem Küchentuch abdecken und ca. 60 Minuten gehen lassen, bis sich Poren an der Oberfläche bilden.
Den Backofen auf 220 Grad vorheizen, eine Tasse Wasser hineinstellen. Den aufgegangenen Teig ca. 30 Minuten backen. Die Temperatur auf 170 Grad reduzieren und ca. 30 weitere Minuten backen.
Das Brot ist durchgebacken, wenn es beim Klopfen auf die Unterseite hohl klingt.

Dinkelvollkornbrot

Vorteig:
1 EL Backferment-Grundansatz
1 TL Backferment-Granulat · 250 ml lauwarmes Wasser
250 g Dinkelvollkornmehl

In dem lauwarmen Wasser den Grundansatz und das Granulat auflösen. Das feingemahlene Vollkornmehl dazugeben und alles miteinander verrühren. Den Vorteig in einer hohen Schüssel abgedeckt bei eingeschalteter Backofenlampe ca. 12–16 Stunden ruhen lassen.

Hauptteig:
750 g Dinkel, grob geschrotet oder *750 g Dinkelvollkornschrot*
350–400 ml lauwarmes Wasser · 15 g Vollmeersalz
2 EL Brotgewürz nach Geschmack · 1 Kastenform
5 g Kokosfett

Das Salz in dem lauwarmen Wasser vollständig auflösen und zu dem gegangenen Vorteig geben. Den Dinkelschrot zufügen und mit feuchten Händen alles gut miteinander vermischen.
Die Kastenform mit dem Kokosfett einstreichen und den fertigen Brotteig in die Form füllen. Mit einem Küchentuch abdecken und bei Zimmertemperatur ca. 60 Minuten gehen lassen, bis sich Poren an der Oberfläche bilden.
Den Backofen mit einer Tasse Wasser auf 220 Grad vorheizen. Den aufgegangenen Brotteig bei 220 Grad ca. 30 Minuten backen.
Die Temperatur dann auf 170 Grad reduzieren und das Brot weitere 30 Minuten backen.

Das Vollkornbrot ist durchgebacken, wenn es beim Klopfen auf die Unterseite hohl klingt.

Dreikornbrot

Vorteig:
1 EL Backferment-Grundansatz
1 TL Backferment-Granulat · 250 g Weizenvollkornmehl
250 ml lauwarmes Wasser

Das Backferment-Granulat und den Grundansatz mit dem lauwarmen Wasser in einer hohen Schüssel miteinander verrühren und auflösen. Das Mehl dazugeben und alles gut vermischen. Die Schüssel abdecken und im Backofen bei eingeschalteter Lampe ca. 12–16 Stunden gehen lassen.

Hauptteig:
250 g Weizenvollkornmehl
250 g Gerstenvollkornmehl
250 g Buchweizen, grob geschrotet
350–400 ml lauwarmes Wasser
15 g Vollmeersalz · 1 Kastenform

Das Salz in dem lauwarmen Wasser auflösen und zum Vorteig geben. Das Weizenmehl, das Gerstenmehl und den grobgeschroteten Buchweizen zufügen und mit feuchten Händen den Teig kräftig durchkneten. Die Kastenform mit dem Kokosfett auspinseln und den Teig einfüllen. Den Brotteig mit einem Küchenhandtuch abdecken und an einem warmen Ort ca. 60 Minuten gehen lassen.

Den Backofen mit einer Tasse Wasser auf 220 Grad vorheizen. Den gegangenen Brotteig im vorgeheizten Backofen ca. 30 Minuten backen.
Anschließend die Temperatur auf 170 Grad reduzieren und das Brot ca. 30 weitere Minuten backen.
Es ist durchgebacken, wenn es beim Klopfen auf die Unterseite hohl klingt.

Mandel-Möhren-Brot

Vorteig:
1 EL Backferment-Grundansatz
1 TL Backferment-Granulat · 250 g Weizenvollkornmehl
250 ml lauwarmes Wasser

Den Backferment-Grundansatz mit dem Granulat und dem lauwarmen Wasser in einer hohen Schüssel verrühren und auflösen. Das Weizenmehl hinzufügen und alles miteinander vermischen. Die Schüssel mit dem Vorteig abdecken und diesen im Backofen bei eingeschalteter Lampe ca. 12–16 Stunden gehen lassen.

Hauptteig:
550 g Weizenvollkornmehl
250–300 ml Kefir (Zimmertemperatur) · 100 g Mandeln
100 g Möhren · 2 EL Brotgewürze nach Geschmack
15 g Vollmeersalz · 1 Kastenform

Das Salz in dem zimmerwarmen Kefir auflösen und die Flüssigkeit zum Vorteig geben. Die Möhren in der Küchenmaschine sehr fein raffeln, die Mandeln grob hacken. Das Weizenvollkornmehl mit Mandeln und Möhren zum Vorteig geben, mit feuchten Hän-

den alles kräftig miteinander verkneten. Eine Kastenform mit dem Kokosfett einpinseln, den Brotteig hineingeben und glattstreichen. Den Teig abdecken und ca. 60 Minuten ruhen lassen, bis sich Poren an der Oberfläche bilden.
Den Backofen auf 220 Grad vorheizen.
Den aufgegangenen Brotteig ca. 30 Minuten bei 220 Grad backen. Anschließend die Temperatur auf 170 Grad reduzieren und das Brot ca. 30 weitere Minuten backen.
Es ist durchgebacken, wenn es beim Klopfen auf die Unterseite hohl klingt.

Kürbiskernbrot

VORTEIG:

1 EL Backferment-Grundansatz

1 TL Backferment-Granulat · 250 g Weizenvollkornmehl

250 ml lauwarmes Wasser

Das Backferment-Granulat und den Grundansatz in einer hohen Schüssel mit dem lauwarmen Wasser verrühren. Anschließend das Mehl zugeben und alles miteinander vermischen. Die Schüssel mit dem Vorteig abdecken und diesen an einem warmen Ort (am besten im Backofen bei eingeschalteter Lampe) ca. 12–16 Stunden ruhen lassen.

HAUPTTEIG:

550 g Weizenvollkornmehl · 250–300 ml lauwarmes Wasser

200 g Kürbiskerne · 15 g Vollmeersalz

5 g Kokosfett · 1 Kastenform

Die Kastenform mit dem Kokosfett einpinseln.
Das Salz in dem lauwarmen Wasser auflösen und zum Vorteig

schütten. Die restlichen Kürbiskerne grob hacken und mit dem Mehl ebenfalls zufügen. Den Brotteig mit feuchten Händen kräftig durchkneten, in die vorbereitete Kastenform geben und abgedeckt an einem warmen Ort ca. 60 Minuten gehen lassen, bis sich Poren bilden.
Den Backofen mit einer Tasse Wasser auf 220 Grad vorheizen. Den aufgegangenen Teig ca. 30 Minuten backen.
Die Temperatur dann auf 170 Grad reduzieren und das Brot weitere 30 Minuten backen.
Es ist durchgebacken, wenn es beim Klopfen auf die Unterseite hohl klingt.

Sojakeimbrot

Vorteig:

1 EL Backferment-Grundansatz

1 TL Backferment-Granulat · 250 g Weizenvollkornmehl

250 ml lauwarmes Wasser

Backferment-Grundansatz und Granulat in eine hohe Schüssel geben, das lauwarme Wasser zufügen und verrühren. Anschließend das Vollkornmehl untermischen. Die Schüssel mit dem Vorteig abdecken und diesen an einem warmen Ort, am besten im Backofen bei eingeschalteter Lampe, ca. 12–16 Stunden ruhen lassen.

Hauptteig:

500 g Weizenvollkornmehl · 15 g Vollmeersalz

2 EL Brotgewürze nach Geschmack

200–250 ml lauwarmes Wasser

250 g Sojakeimlinge (Mungobohnen)

5 g Kokosfett · 1 Kastenform

Die Kastenform mit dem Kokosfett einpinseln.

Das Salz in dem lauwarmen Wasser auflösen und unter den Vorteig rühren. Mehl mit dem Brotgewürz und den Keimlingen zufügen und alles mit feuchten Händen gut verkneten.

Den Teig in die gefettete Form füllen und mit feuchten Händen glattstreichen. Mit einem Küchentuch abdecken und an einem warmen Ort ca. 60 Minuten gehen lassen.

Den Backofen mit einer Tasse Wasser auf 220 Grad vorheizen. Den aufgegangenen Brotteig ca. 30 Minuten backen.

Die Temperatur dann auf 170 Grad reduzieren und das Brot ca. 30 weitere Minuten backen.

Es ist durchgebacken, wenn es beim Klopfen auf die Unterseite hohl klingt.

Sauerteigbrote

Beim Sauerteig haben Sie einmal die Möglichkeit, den Grundansatz selber herzustellen. Das hat den Vorteil, daß Sie zum Brotbakken keine zusätzliche Hefe benötigen und immer über einen Vorrat an Sauerteig-Grundansatz verfügen. Der fertige Ansatz ist in einem Schraubglas mehrere Monate im Kühlschrank haltbar.
Eine andere Möglichkeit beim Backen mit Sauerteig besteht darin, auf vorgefertigten Sauerteig-Grundansatz oder Sauerteig-Extrakt zum Anrühren aus dem Handel zurückzugreifen. Hierbei benötigen Sie zusätzlich immer noch Hefe. Manchmal empfehlen die Hersteller von vorgefertigtem Sauerteig-Grundansatz die Zugabe von Zucker. Dies ist nicht erforderlich, und Sie sollten unbedingt darauf verzichten!
Hier zeige ich Ihnen, wie Sie den Sauerteig-Grundansatz selber herstellen können.

Sauerteig-Grundansatz

Führung in 5 Schritten

1. Schritt: *50 g Roggenvollkornmehl*
100 ml lauwarmes Wasser
1 EL Vollmilchjoghurt
1 EL Roggenvollkornmehl

Das Vollkornmehl mit dem lauwarmen Wasser und dem Joghurt am besten mit dem Handrührgerät in einer Schüssel kräftig verquirlen. Mit 1 EL Mehl bestreuen. Die Schüssel abdecken und bei einer konstanten Temperatur von ca. 30 Grad 24 Stunden gehen lassen. Diese Temperatur erreicht man am besten, indem man die Lampe des Backofens einschaltet und darauf achtet, daß die Backofentüre geschlossen bleibt.

2. Schritt: *50 ml lauwarmes Wasser*
50 g Roggenvollkornmehl
1 EL Roggenvollkornmehl
1 Zwiebelscheibe

Das lauwarme Wasser mit den 50 g feingemahlenem Mehl zu dem Vorteig geben, miteinander vermischen. Den Sauerteig-Grundansatz mit dem EL Vollkornmehl bestreuen. Eine dünne Zwiebelscheibe auf den Teig legen, dadurch lassen sich Fehlgärungen vermeiden. Den Teig gut abdecken, damit er nicht austrocknet, und bei eingeschalteter Lampe 12 Stunden im geschlossenen Backofen ruhen lassen.

3. Schritt: *50 ml lauwarmes Wasser*
50 g Roggenvollkornmehl
1 EL Roggenvollkornmehl
1 Zwiebelscheibe

Die Zwiebelscheibe vom Grundansatz entfernen und wegwerfen. Das lauwarme Wasser mit den 50 g feingemahlenem Vollkornmehl zum Vorteig geben und miteinander vermischen. Mit dem EL Mehl bestreuen. Eine frische Zwiebelscheibe auf den Teig legen, diesen abdecken und bei eingeschalteter Lampe 12 Stunden im geschlossenen Backofen ruhen lassen.

4. Schritt: *50 ml lauwarmes Wasser*
50 g Roggenvollkornmehl
1 EL Roggenvollkornmehl
1 Zwiebelscheibe

Zuerst die alte Zwiebelscheibe vom Teig entfernen.
Das lauwarme Wasser mit den 50 g feingemahlenem Vollkornmehl zum Vorteig geben und miteinander vermischen. Mit dem EL Mehl bestreuen. Eine frische Zwiebelscheibe auf den Teig legen, diesen abdecken und bei eingeschalteter Herdlampe 12 Stunden im geschlossenen Backofen ruhen lassen.

5. Schritt: *200 g Roggenvollkornmehl*
1 Zwiebelscheibe

Die alte Zwiebelscheibe entfernen. Das Mehl zum Teig geben und alles miteinander vermischen.
Eine neue Zwiebelscheibe auf den Teig legen und wiederum abgedeckt bei eingeschalteter Lampe 12 Stunden im geschlossenen Backofen ruhen lassen.
Die Zwiebelscheibe entfernen. Den Teig in ein Schraubglas füllen. Dabei das Glas nur zur Hälfte füllen, da der Grundansatz auch im Kühlschrank weiter geht.

Sauerteigbrote aus eigenem Sauerteig-Grundansatz

Walnußbrot

Vorteig:
250 g Weizenvollkornmehl
250 ml lauwarmes Wasser
50 g Sauerteig-Grundansatz

Da der Vorteig Platz zum Gehen benötigt und vor dem Austrocknen geschützt werden muß, ist es von Vorteil, in einer größeren Schüssel mit Deckel zu arbeiten.
Für den Vorteig das Vollkornmehl, das lauwarme Wasser und den Grundansatz in eine größere Schüssel geben und alles miteinander verrühren. Den Teig abdecken und im Backofen 12–18 Stunden bei etwa 28 Grad ruhen lassen. Um diese konstante Temperatur zu erreichen, empfiehlt es sich, die Lampe des Backofens anzustellen und den Backofen geschlossen zu halten.

Hauptteig:
600 g Weizenvollkornmehl
250–300 ml lauwarmes Wasser · 150 g Walnüsse
15 g Vollmeersalz · 5 g Kokosfett · 1 Kastenform

Für den Hauptteig das Salz mit dem lauwarmen Wasser und dem Vorteig verrühren. Anschließend die grobgehackten Walnüsse mit dem Vollkornmehl dazugeben und mit feuchten Händen den Teig gut durchkneten. Diesen abgedeckt 90–120 Minuten bei eingeschalteter Lampe im geschlossenen Backofen gehen lassen. Den Teig nochmals gut durchkneten. Die Form mit dem Kokosfett einpinseln und den Teig hineingeben. Mit einem Küchentuch abdecken und an einem warmen Ort erneut 90–120 Minuten gehen lassen, bis sich an der Oberfläche Poren bilden.
Den Backofen mit einer Tasse Wasser auf 220 Grad vorheizen. Den aufgegangenen Brotteig ca. 30 Minuten backen.
Die Temperatur auf 170 Grad reduzieren und das Brot ca. 30 weitere Minuten backen. Das Walnußbrot ist durchgebacken, wenn es beim Klopfen auf die Unterseite hohl klingt.

Roggenschrotbrot

Vorteig:
250 g Roggenvollkornmehl
250 ml lauwarmes Wasser
50 g Sauerteig-Grundansatz

Das Mehl mit dem lauwarmen Wasser und dem Sauerteig-Grundansatz in einer größeren Schüssel kräftig verrühren. Die

Schüssel abdecken und den Vorteig 12–18 Stunden im geschlossenen Backofen bei eingeschalteter Herdlampe ruhen lassen.

Hauptteig:
750 g Roggen · 350–400 ml lauwarmes Wasser
15 g Vollmeersalz · 1 EL Koriander
5 g Kokosfett · 1 Kastenform

Den Roggen grob schroten. Den Koriander in der Getreide- oder Kaffeemühle fein mahlen und zum Schrot geben. Das Salz im lauwarmen Wasser auflösen und zum Vorteig schütten. Den Roggenschrot mit dem gemahlenen Koriander ebenfalls zufügen, mit feuchten Händen alles vermischen und kräftig durchkneten. Den Teig abdecken und im geschlossenen Backofen bei eingeschalteter Lampe ca. 90–120 Minuten gehen lassen. Danach nochmals kräftig durchkneten.
Die Kastenform mit dem Kokosfett einpinseln und den Teig hineingeben. Mit einem Küchentuch abdecken und an einem warmen Ort erneut 90–120 Minuten gehen lassen.
Den Backofen mit einer Tasse Wasser auf 220 Grad vorheizen. Den aufgegangenen Brotteig ca. 30 Minuten backen.
Die Temperatur auf 170 Grad zurückstellen und das Brot weitere 30 Minuten backen.
Es ist durchgebacken, wenn es beim Klopfen auf die Unterseite hohl klingt.

Vierkornbrot

VORTEIG:
250 g Weizenvollkornmehl
250 ml lauwarmes Wasser
50 g Sauerteig-Grundansatz

Das Mehl mit dem lauwarmen Wasser und dem Sauerteig-Grundansatz in einer großen Schüssel verrühren und mit einem Deckel oder Teller abdecken. Den Vorteig bei konstanter Temperatur von ca. 28 Grad 12–18 Stunden ruhen lassen. Am besten erreicht man diese Temperatur, indem man die Lampe des Backofens anstellt und den Backofen geschlossen hält.

HAUPTTEIG:
250 g Buchweizen · 250 g Gerste · 250 g Hafer
350–400 ml lauwarmes Wasser · 15 g Vollmeersalz
1 EL Kümmel · 1 EL Koriander · 1 EL Fenchel
2 EL Weizenvollkornmehl · 1 längliches Peddigrohrkörbchen

Das Getreide mit Kümmel, Koriander und Fenchel in der Getreidemühle fein mahlen bzw. mahlen lassen. Das Salz im lauwarmen Wasser auflösen und zum Vorteig geben. Das gemahlene Getreide und die Gewürze ebenfalls zufügen, alles kräftig vermischen und mit feuchten Händen gut durchkneten. Den Teig wieder in die Schüssel geben, abdecken und im geschlossenen Backofen bei eingeschalteter Lampe ca. 90–120 Minuten gehen lassen. Anschließend den Teig mit feuchten Händen erneut kräftig durchkneten. Das Peddigrohrkörbchen mit den beiden EL Mehl bestreuen, den Teig einfüllen, mit einem Küchentuch abdecken und an einem warmen Ort ca. 90 Minuten gehen lassen.

Den Backofen mit einer Tasse Wasser auf 220 Grad vorheizen. Ein Blech mit Backpapier auslegen oder mit 5 g Kokosfett einpinseln und das Brot darauf stürzen. Im vorgeheizten Backofen ca. 30 Minuten vorbacken, anschließend den Herd auf 170 Grad zurückstellen und das Brot ca. 30 weitere Minuten backen.
Es ist durchgebacken, wenn es beim Klopfen auf die Unterseite hohl klingt.

Haselnußbrot

Vorteig:
250 g Dinkelvollkornmehl
250 ml lauwarmes Wasser
50 g Sauerteig-Grundansatz

Das Mehl mit dem lauwarmen Wasser und dem Sauerteig-Grundansatz in einer größeren Schüssel verrühren. Den Vorteig mit einem Deckel oder einem Teller abdecken und im geschlossenen Backofen bei eingeschalteter Lampe ca. 12–18 Stunden ruhen lassen.

Hauptteig:
550 g Dinkelvollkornmehl · 200 g Haselnüsse
300–350 ml lauwarmes Wasser · 15 g Vollmeersalz
1 rundes Peddigrohrkörbchen · 2 EL Weizenvollkornmehl

Das Salz im lauwarmen Wasser auflösen und zum Vorteig geben. Das feingemahlene Mehl mit den Haselnüssen zufügen und mit feuchten Händen kräftig durchkneten. Den Teig in einer abgedeckten Schüssel im Backofen bei eingeschalteter Lampe 90–120 Minuten gehen lassen.

Den gegangenen Teig nochmals mit feuchten Händen durchkneten, in das mit den 2 EL Mehl ausgestreute Peddigrohrkörbchen füllen und mit feuchten Fingern glattstreichen. Den Teig mit einem Küchentuch abdecken und erneut ca. 90 Minuten gehen lassen.
Den Backofen mit einer Tasse Wasser auf 220 Grad vorheizen. Den aufgegangenen Teig auf ein mit Backpapier belegtes Blech stürzen und bei 220 Grad ca. 30 Minuten backen.
Die Temperatur dann auf 170 Grad zurückstellen und das Brot ca. 30 weitere Minuten backen.
Es ist durchgebacken, wenn es beim Klopfen auf die Unterseite hohl klingt.

Sauerteigbrote aus vorgefertigtem Sauerteig-Grundansatz bzw. -Extrakt

Dinkelbrot mit Sonnenblumenkeimlingen

800 g Dinkelvollkornmehl

200 g Sonnenblumenkeimlinge (siehe Seite 23)

1 Würfel Frischhefe

50 g Sauerteig-Grundansatz oder 1 Beutel Sauerteig-Extrakt

15 g Vollmeersalz · 450–500 ml lauwarmes Wasser

5 g Kokosfett · 1 Kastenform

VORTEIG:

Das Vollkornmehl in eine große Schüssel schütten, in die Mitte eine Mulde drücken. Die Hefe in 5 EL lauwarmem Wasser auflösen, in die Mehlmulde geben und mit etwas Mehl verrühren. Die

Schüssel abdecken und an einem warmen Ort, z. B. bei geschlossenem Backofen und eingeschalteter Backofenlampe, ca. 30 Minuten gehen lassen.

Hauptteig:

Das Salz im lauwarmen Wasser auflösen. Den vorgefertigten Natursauerteig oder den Sauerteig-Extrakt mit dem Salzwasser zum Vorteig geben, ebenso die Sonnenblumenkeimlinge. Den Teig mit feuchten Händen 5 Minuten kräftig kneten, abdecken und an einem warmen Ort, z. B. im geschlossenen Backofen bei eingeschalteter Backofenlampe ca. 40 Minuten gehen lassen.
Die Kastenform mit dem Kokosfett auspinseln. Den gegangenen Teig nochmals kräftig durchkneten und in die Form füllen. Mit einem Küchentuch abdecken und an einem warmen Ort erneut ca. 40 Minuten gehen lassen.
Den Backofen mit einer Tasse Wasser auf 220 Grad vorheizen. Den aufgegangenen Brotteig ca. 30 Minuten backen.
Die Temperatur dann auf 170 Grad reduzieren und das Brot ca. 30 weitere Minuten backen.
Es ist durchgebacken, wenn es beim Klopfen auf die Unterseite hohl klingt.

Weizen-Hafer-Brot

300 g Weizenvollkornmehl
700 g Hafervollkornmehl · 600 ml lauwarmes Wasser
15 g Vollmeersalz · 1 EL Fenchel · 40 g Hefe
1 Beutel Sauerteig-Extrakt · 50 g Vollkornhaferflocken
2 EL Weizenvollkornmehl · 1 rundes Peddigrohrkörbchen

VORTEIG:

Das Weizen- und Hafermehl mischen und in eine große Schüssel geben. In die Mitte eine Mulde drücken. Die frische Hefe in 150 ml lauwarmem Wasser auflösen und in die Mulde schütten. Die aufgelöste Hefe mit etwas Mehl verrühren und den Vorteig abgedeckt an einem warmen Ort 30 Minuten gehen lassen. Am besten eignet sich der Backofen dazu. Schalten Sie die Backofenlampe an und achten Sie darauf, daß die Ofentür geschlossen bleibt.

HAUPTTEIG:

Das Salz im restlichen lauwarmen Wasser auflösen, zum gegangenen Vorteig gießen, den gemahlenen Fenchel und den Sauerteig-Extrakt dazugeben und alles miteinander vermischen. Den Teig 5 Minuten kräftig durchkneten und abgedeckt, an einem warmen Ort, z.B. im Backofen, 40 Minuten gehen lassen.
Das Peddigrohrkörbchen mit den beiden EL Mehl bestäuben und die Haferflocken hineinstreuen.
Den gegangenen Teig weitere 5 Minuten kräftig durchkneten, in das Peddigrohrkörbchen füllen und glattstreichen. Mit einem Küchenhandtuch abdecken und an einem warmen Ort 40 Minuten gehen lassen.
Den Backofen mit einer Tasse Wasser auf 220 Grad vorheizen. Ein Backblech mit Backpapier belegen oder mit ungehärtetem Kokosfett einpinseln.

Den gegangenen Brotteig auf das Backblech stürzen und im vorgeheizten Backofen ca. 30 Minuten vorbacken. Die Temperatur auf 170 Grad zurückstellen und das Brot ca. 30 weitere Minuten backen.
Es ist durchgebacken, wenn es beim Klopfen auf die Unterseite hohl klingt.

Roggenmischbrot

500 g Roggenvollkornmehl

500 g Gerstenvollkornmehl · 500–550 ml lauwarmes Wasser

1 EL Kümmel · 1 EL Fenchel · 1 EL Koriander

15 g Vollmeersalz · 1 Beutel Sauerteig-Extrakt

1 Würfel Frischhefe · 1 rundes Peddigrohrkörbchen

1 EL Roggenvollkornmehl

Vorteig:

Das Roggen- und Gerstenvollkornmehl in einer großen Schüssel miteinander mischen. In der Mitte eine Mulde bilden. Die Frischhefe in 6 EL lauwarmem Wasser auflösen. In die Mulde geben und mit etwas Mehl verrühren. Die Schüssel abdecken und den Vorteig an einem warmen Ort 40 Minuten gehen lassen. Dafür am besten die Schüssel bei eingeschalteter Backofenlampe in den Backofen stellen und die Backofentür geschlossen halten.

Hauptteig:

Kümmel, Koriander und Fenchel mit der Kaffeemühle mahlen. Das Salz im lauwarmen Wasser auflösen und zum Vorteig geben, ebenso den Sauerteig-Extrakt und die Gewürze. Mit feuchten Händen alle Zutaten miteinander vermischen und den Teig ca.

5 Minuten kräftig durchkneten. In einer abgedeckten Schüssel ca. 40 Minuten an einem warmen Ort gehen lassen.
Das Peddigrohrkörbchen mit dem Gerstenmehl bestäuben. Ein Backblech mit Backpapier auslegen oder mit 5 g ungehärtetem Kokosfett einpinseln.
Den gegangenen Teig nochmals kräftig durchkneten, in das Peddigrohrkörbchen füllen und mit feuchten Händen glattstreichen. Mit einem Küchentuch abdecken und erneut ca. 60 Minuten gehen lassen.
Den Backofen mit einer Tasse Wasser auf 220 Grad vorheizen. Den gegangenen Brotteig auf das Backpapier stürzen und 30 Minuten vorbacken.
Die Temperatur auf 170 Grad reduzieren und das Brot ca. 30 weitere Minuten backen.
Es ist durchgebacken, wenn es beim Klopfen auf die Unterseite hohl klingt.

Hefevollkornbrote

Bei Backwaren mit Hefeteig ist es unbedingt erforderlich, den Teig kräftig zu kneten, damit sich das Klebergerüst aufbauen kann. Nur dadurch erhält man ein optimal gebackenes Brot. Wird der Hefeteig von Hand bearbeitet, so bedeutet dies, daß der Teig 10 Minuten geknetet werden muß.
Mit der Küchenmaschine verkürzt sich die Zeit auf 5 Minuten. Für Knetfaule gibt es noch die Möglichkeit der langen Teigführung über Nacht. Dazu nimmt man pro kg Vollkornmehl nur 10 g Frischhefe. Die Zutaten werden wie sonst auch miteinander vermischt, jedoch nicht verknetet. Den Teig in eine Schüssel geben und abdecken.
Im Kühlschrank 12–14 Stunden gehen lassen.
Danach wird der Teig 2–3 Minuten geknetet und in die entsprechende Form gebracht.

Dann wiederum ca. 30 Minuten an einem warmen Ort gehen lassen und anschließend »dampfbacken«, d. h. den Backofen mit einer Tasse Wasser vorheizen und wie sonst das Brot abbacken.

Weizenvollkornbrot

1 kg Weizenvollkornmehl · 40 g Frischhefe

600–650 ml Wasser · 20 g Vollmeersalz

1 Prise Anis · 3 EL Brotgewürz

Das Weizenvollkornmehl in einer großen Schüssel mit den Gewürzen mischen. Die Hefe in 250 ml lauwarmem Wasser auflösen. Im restlichen lauwarmen Wasser das Salz lösen. Die aufgelöste Hefe sowie das Salzwasser zum Mehl geben. Alles gut miteinander vermischen und ca. 10 Minuten kräftig durchkneten.
Den Teig abdecken und ca. 30 Minuten an einem warmen Ort gehen lassen.
Anschließend den Teig 2–3 Minuten kneten, in Form bringen und nochmals gehen lassen.
Den Backofen mit einer Tasse Wasser auf 220 Grad vorheizen und das aufgegangene Brot 20 Minuten vorbacken.
Die Temperatur auf 180 Grad zurückstellen und das Brot ca. 30 weitere Minuten backen.
Es ist durchgebacken, wenn es beim Klopfen auf die Unterseite hohl klingt.

Kürbiskernbrot

850 g Dinkelvollkornmehl · 30 g Frischhefe

20 g Vollmeersalz · 450–500 ml lauwarmes Wasser

150 g Kürbiskerne · 1 EL Kürbiskernöl

Die Hefe in 200 ml lauwarmem Wasser vollständig auflösen. Im restlichen Wasser das Salz lösen. Das Mehl in einer großen Schüssel mit 130 g grob gehackten Kürbiskernen vermischen. Die aufgelöste Hefe und den EL Kürbiskernöl sowie das Salzwasser zugeben und alles miteinander verrühren. Die Feuchtigkeit des Teiges überprüfen und bei Bedarf mit Wasser oder Mehl korrigieren. Den Teig ca. 10 Minuten kräftig kneten.

Abgedeckt bei Zimmertemperatur ca. 30 Minuten gehen lassen, bis sich das Volumen des Teiges etwa verdoppelt hat.

Anschließend nochmals kräftig durchkneten. Zu einem Laib formen und auf ein gefettetes bzw. mit Backpapier ausgelegtes Blech legen.

Das Brot mit einem Küchentuch abdecken und ca. 20 weitere Minuten gehen lassen. Mit lauwarmem Wasser bepinseln, mit den restlichen Kürbiskernen bestreuen und mit feuchten Händen die Kerne leicht andrücken.

Den Backofen mit einer Tasse Wasser auf 220 Grad vorheizen. Das Brot 20 Minuten backen, die Temperatur auf 170 Grad zurückstellen und das Brot ca. 30 weitere Minuten backen.

Es ist durchgebacken, wenn es beim Klopfen auf die Unterseite hohl klingt.

Mischbrot

700 g Weizenvollkornmehl

150 g Gerstenvollkornmehl · 150 g Amaranth

30 g Hefe · 300–350 ml lauwarmes Wasser

300 ml Buttermilch · 20 g Vollmeersalz

2 EL Weizenvollkornmehl

1 längliches Peddigrohrkörbchen

Weizen, Gerste und Amaranth fein mahlen bzw. mahlen lassen und in einer großen Schüssel mischen. Die Hefe in 200 ml lauwarmem Wasser auflösen. In dem restlichen lauwarmen Wasser das Salz lösen. Die Buttermilch anwärmen. Die aufgelöste Hefe, das Salzwasser und die Buttermilch mit dem Vollkornmehl vermischen. Den Feuchtigkeitsgehalt des Teiges gegebenenfalls mit etwas zusätzlicher lauwarmer Flüssigkeit oder mit Mehl korrigieren. Den Teig 10 Minuten kräftig kneten. Abgedeckt bei Zimmertemperatur ca. 30 Minuten gehen lassen, bis sich das Volumen verdoppelt hat. Danach den Teig nochmals kräftig durchkneten.
Das Peddigrohrkörbchen mit 2 EL Vollkornmehl bestäuben, den Teig einfüllen und glattstreichen. Mit einem Küchentuch abdekken und bei Zimmertemperatur erneut ca. 30 Minuten gehen lassen.
Den Backofen mit einer Tasse Wasser auf 220 Grad vorheizen. Ein Blech mit Backpapier auslegen oder mit 5 g Kokosfett einpinseln und den aufgegangenen Brotteig darauf stürzen. Im vorgeheizten Ofen ca. 20 Minuten backen. Die Temperatur auf 170 Grad zurückstellen und das Brot ca. 30 weitere Minuten backen.
Es ist durchgebacken, wenn es beim Klopfen auf die Unterseite hohl klingt.

Flockenbrot

700 g Dinkel · 300 g Dinkelvollkornflocken

1 KL Kümmel · 1 KL Koriander · 1 KL Fenchel

1 KL Anis · 30 g Frischhefe · 20 g Vollmeersalz

600–650 ml lauwarmes Wasser

Den Dinkel mit Kümmel, Koriander, Fenchel und Anis fein mahlen oder mahlen lassen. Evtl. kann man auch gemahlene Gewürze verwenden. Das Vollkornmehl mit den Flocken und den gemahlenen Gewürzen zusammen in einer großen Schüssel vermischen. Die Hefe in 200 ml lauwarmem Wasser vollständig auflösen. Das Salz im restlichen lauwarmen Wasser lösen. Die aufgelöste Hefe sowie das Salzwasser zum Mehl geben und alles miteinander vermischen. Den Feuchtigkeitsgrad des Teiges eventuell mit etwas lauwarmem Wasser oder Vollkornmehl korrigieren. Den Teig dann 10 Minuten lang kräftig kneten, abdecken und an einem warmen Ort ca. 30 Minuten gehen lassen, bis sich das Volumen verdoppelt hat. Den Teig anschließend 2–3 Minuten kräftig durchkneten und in Form bringen. Auf ein mit Kokosfett bepinseltes oder mit Backpapier ausgelegtes Backblech legen. Den Brotteig mit einem Küchentuch abdecken und bei Zimmertemperatur erneut ca. 30 Minuten gehen lassen.

Den Backofen mit einer Tasse Wasser auf 220 Grad vorheizen. Den aufgegangenen Brotteig im vorgeheizten Backofen ca. 20 Minuten vorbacken.

Die Temperatur auf 170 Grad reduzieren und das Brot in ca. 30 Minuten fertigbacken.

Es ist durchgebacken, wenn es beim Klopfen auf die Unterseite hohl klingt.

Weizenkeimbrot

850 g Weizenvollkornmehl · 30 g Frischhefe
20 g Vollmeersalz · 500–550 ml lauwarmes Wasser
150 g Weizenkeimlinge (siehe Seite 23)
5 g Kokosfett · 1 Kastenform

Das Mehl in einer großen Schüssel mit den Weizenkeimlingen vermischen. Die Hefe in 200 ml lauwarmem Wasser vollständig auflösen. Im restlichen Wasser das Salz auflösen und alles gut mit Mehl und den Weizenkeimlingen vermischen. Den Feuchtigkeitsgehalt überprüfen und gegebenenfalls mit etwas Wasser oder Vollkornmehl korrigieren. Der Teig muß weich sein, jedoch so, daß er die Form noch halten kann. Den Brotteig dann ca. 10 Minuten kräftig kneten und abgedeckt bei Zimmertemperatur ca. 30 Minuten gehen lassen, bis sich sein Volumen verdoppelt hat. In der Zwischenzeit die Kastenform mit dem Kokosfett auspinseln. Den Teig weitere 2–3 Minuten kneten und in die gefettete Form füllen. Mit einem Küchentuch abdecken und erneut ca. 20 Minuten gehen lassen.

Eine Tasse mit Wasser in den Backofen stellen und diesen auf 220 Grad vorheizen. Den aufgegangenen Brotteig ca. 20 Minuten backen.

Die Temperatur auf 170 Grad zurückstellen und das Brot in etwa 30 Minuten ausbacken.

Es ist durchgebacken, wenn es beim Klopfen auf die Unterseite hohl klingt.

Grünkernbrot mit Pinienkernen

700 g Dinkel · 300 g Grünkern · 50 g Pinienkerne
40 g Hefe · 20 g Vollmeersalz · 600–650 ml Wasser
1 EL Olivenöl · 1 rundes Peddigrohrkörbchen
2 EL Dinkelvollkornmehl

Den Dinkel mit dem Grünkern fein mahlen und in einer Schüssel vermischen. Die Pinienkerne grob hacken und zum Mehl geben. In 200 ml lauwarmem Wasser die Hefe vollständig auflösen. Im restlichen Wasser das Salz lösen. Die aufgelöste Hefe, das Salzwasser und den EL Olivenöl mit dem Mehl vermischen. Den Feuchtigkeitsgrad des Teiges überprüfen und gegebenenfalls mit Wasser oder mit Vollkornmehl korrigieren. Der Teig muß weich sein, aber seine Form noch halten. Den Brotteig 10 Minuten lang kräftig kneten und abgedeckt an einem warmen Ort ca. 30 Minuten gehen lassen, bis sich sein Volumen verdoppelt hat. Das Peddigrohrkörbchen mit dem Dinkelvollkornmehl bestäuben.
Den Brotteig weitere 2–3 Minuten kräftig kneten und in das Peddigrohrkörbchen füllen. Mit einem Küchentuch abdecken und an einem warmen Ort erneut ca. 20 Minuten gehen lassen. Den Backofen mit einer Tasse Wasser auf 220 Grad vorheizen. Ein Blech mit Backpapier auslegen und das Brot darauf stürzen.
Im vorgeheizten Backofen ca. 20 Minuten vorbacken. Die Temperatur auf 170 Grad reduzieren und das Brot etwa 30 Minuten weiterbacken.
Es ist durchgebacken, wenn es beim Klopfen auf die Unterseite hohl klingt.

Mohnbrot

700 g Weizenvollkornmehl
150 g Gerstenvollkornmehl · 150 g Roggenvollkornmehl
40 g Frischhefe · 20 g Vollmeersalz · ½ l Kefir
100–150 ml Wasser · 100 g Mohn

Die Mehlsorten in einer großen Schüssel miteinander mischen. Den Kefir leicht erwärmen, in zwei Gefäße aufteilen und in der einen Hälfte die Hefe, in der anderen das Salz vollständig auflösen. Beides zum Vollkornmehl geben, alles miteinander vermischen und anschließend ca. 10 Minuten kräftig kneten. Den Feuchtigkeitsgehalt des Teiges überprüfen und eventuell etwas Vollkornmehl oder Flüssigkeit dazugeben. Der Teig sollte feucht sein, jedoch nicht aus der Form gehen. Abgedeckt an einem warmen Ort ca. 30 Minuten gehen lassen, bis sich das Volumen verdoppelt hat. Danach den Teig weitere 2–3 Minuten kräftig kneten und zu einem Brot formen. Backpapier auf die Arbeitsfläche legen und den Mohn in der Form des Brotes darauf verteilen. Den Brotteig mit der Oberseite in den Mohn drücken, so daß dieser haften bleibt. Das leere Backpapier dann auf ein Backblech breiten, das Brot darauflegen, mit einem Küchentuch abdecken und erneut ca. 20–30 Minuten gehen lassen.
Den Backofen mit einer Tasse Wasser auf 220 Grad vorheizen. Den aufgegangenen Brotteig ca. 20 Minuten vorbacken.
Die Temperatur auf 180 Grad zurückstellen und das Brot ca. 30 weitere Minuten ausbacken.
Es ist durchgebacken, wenn es beim Klopfen auf die Unterseite hohl klingt.

Mehrkornbrot

350 g Weizen · 350 g Dinkel · 350 g Buchweizen
40 g Frischhefe · 20 g Vollmeersalz · 500 ml Buttermilch
100–150 ml Wasser · 2 EL Brotgewürz
2 EL Vollkornmehl · 1 längliches Peddigrohrkörbchen

Den Weizen, den Dinkel, den Buchweizen sowie die beiden EL Brotgewürz fein mahlen und in einer großen Schüssel vermischen. Die Buttermilch leicht anwärmen und die Hefe vollständig darin auflösen. Das Salz im lauwarmen Wasser lösen, beides zum Mehl geben und miteinander mischen. Den Feuchtigkeitsgrad des Brotteiges überprüfen und eventuell korrigieren, indem man etwas lauwarme Flüssigkeit oder etwas Vollkornmehl zufügt. Den Brotteig 10 Minuten kräftig kneten und abgedeckt an einem warmen Ort ca. 30 Minuten gehen lassen, bis sich das Volumen verdoppelt hat. Den Teig weitere 2–3 Minuten kneten, in das mit 2 EL Vollkornmehl ausgestäubte Peddigrohrkörbchen geben, abdecken und erneut 20 Minuten gehen lassen.

Den Backofen mit einer Tasse Wasser auf 220 Grad vorheizen. Ein Blech mit Backpapier auslegen und den aufgegangenen Brotteig darauf stürzen. Im vorgeheizten Ofen ca. 20 Minuten vorbacken.

Die Temperatur auf 180 Grad zurückstellen und das Brot ca. 30 weitere Minuten backen.

Das Mehrkornbrot ist durchgebacken, wenn es beim Klopfen auf die Unterseite hohl klingt.

Haselnußbrot

500 g Weizenvollkornmehl

300 g Dinkelvollkornmehl · 200 g Haselnüsse

30 g Frischhefe · 600–650 ml Wasser

20 g Vollmeersalz · 1 TL Anis

Das Weizen- und Dinkelvollkornmehl in einer großen Schüssel vermischen. 100 g Haselnüsse fein mahlen und mit dem gemahlenen Anis zum Mehl geben. Die restlichen 100 g Haselnüsse ganz grob hacken und ebenfalls zufügen. Die Hefe in 200 ml lauwarmem Wasser vollständig auflösen. Das Salz im restlichen lauwarmen Wasser lösen. Beide Flüssigkeiten zum Mehl gießen und alles miteinander vermischen. Den Brotteig ca. 10 Minuten kräftig kneten und abgedeckt bei Zimmertemperatur 20–30 Minuten gehen lassen, bis sich sein Volumen verdoppelt hat. Den Teig weitere 2–3 Minuten kneten und in die gewünschte Brotform bringen. Ein Backblech mit 5 g Kokosfett einpinseln oder mit Backpapier auslegen. Den Brotteig daraufsetzen, mit einem Küchentuch abdecken und erneut bei Zimmertemperatur ca. 20 Minuten gehen lassen.

Den Backofen mit einer Tasse Wasser auf 220 Grad vorheizen. Den gegangenen Brotteig im vorgeheizten Backofen ca. 20 Minuten backen.

Dann die Temperatur auf 180 Grad zurückstellen und das Brot in 25–30 Minuten fertigbacken.

Es ist durchgebacken, wenn es beim Klopfen auf die Unterseite hohl klingt.

Hafermischbrot

200 g Hafer · 700 g Weizen · 150 g Vollkornhaferflocken
40 g Frischhefe · 20 g Vollmeersalz
550–600 ml lauwarmes Wasser · 2 EL Brotgewürz
5 g Kokosfett · 1 Kastenform

Hafer, Weizen und Brotgewürz miteinander mahlen. 150 g Hafer mit der Flockenquetsche pressen oder fertige Vollkornhaferflokken verwenden. Das Vollkornmehl mit 100 g Haferflocken und dem gemahlenen Brotgewürz in einer großen Schüssel vermischen. Die Hefe in 200 ml lauwarmem Wasser vollständig auflösen. Das Salz im restlichen Wasser lösen, alles zusammen zum Mehl geben und miteinander vermischen. Den Teig 10 Minuten kräftig kneten, dann 30 Minuten gehen lassen, bis sich das Volumen verdoppelt hat. Den Teig weitere 2–3 Minuten kneten und in die mit Kokosfett eingepinselte Kastenform geben. Mit den restlichen 50 g Haferflocken bestreuen und die Flocken mit feuchten Händen leicht andrücken. Den Brotteig mit einem Küchentuch abdecken und erneut ca. 20 Minuten gehen lassen.
In der Zwischenzeit den Backofen mit einer Tasse Wasser auf 220 Grad vorheizen.
Den gegangenen Brotteig 20 Minuten vorbacken, die Temperatur auf 180 Grad zurückstellen und das Brot in 25–30 Minuten fertigbacken.
Es ist durchgebacken, wenn es beim Klopfen auf die Unterseite hohl klingt.

Dinkelschrotbrot

1 kg Dinkel · 40 g Hefe · 20 g Vollmeersalz
600–650 ml lauwarmes Wasser · 2 EL Brotgewürz
2 EL Sesamsaat

500 g Dinkel mit den beiden EL Brotgewürz fein mahlen. Die restlichen 500 g Dinkel grob schroten und alles zusammen in einer großen Schüssel mischen. Die Hefe in 200 ml lauwarmem Wasser vollständig auflösen. Das Salz im restlichen Wasser ebenfalls vollständig auflösen. Beide Flüssigkeiten nebeneinander zum Mehl geben und alles vermischen. Den Teig ca. 10 Minuten kräftig kneten und abgedeckt an einem warmen Ort ca. 30 Minuten gehen lassen, bis sich das Volumen verdoppelt hat. Den Teig dann weitere 2–3 Minuten kneten und in die gewünschte Brotform bringen.
Ein Blech mit Backpapier auslegen und in Form des Brotes mit der Sesamsaat bestreuen. Das Brot mit der Oberseite leicht hineindrücken, so daß die Sesamkörner daran haften bleiben. Das Brot umdrehen und auf das Backblech setzen. Mit einem Küchentuch abdecken und erneut ca. 25 Minuten an einem warmen Ort gehen lassen.
Den Backofen mit einer Tasse Wasser auf 220 Grad vorheizen. Den aufgegangenen Brotteig ca. 20 Minuten backen.
Die Temperatur dann auf 180 Grad reduzieren und das Brot weitere 25–30 Minuten backen.
Es ist durchgebacken, wenn es beim Klopfen auf die Unterseite hohl klingt.

Baguettes

Alle Angaben bei diesen Broten sind für 2 Stangen berechnet.

Weizenbaguettes

500 g Weizenvollkornmehl · 20 g Hefe
15 g Vollmeersalz · 300 ml lauwarmes Wasser
1 EL unraffiniertes Sonnenblumenöl

Das Vollkornmehl in eine große Schüssel geben. Die Hefe in 150 ml lauwarmem Wasser vollständig auflösen. Im restlichen Wasser das Salz lösen, beide Flüssigkeiten mit dem EL Sonnenblumenöl zufügen und alles miteinander vermischen. Den Teig dann ca. 10 Minuten kräftig kneten, abdecken und etwa 30 Minuten an einem warmen Ort gehen lassen, bis sich sein Volumen verdoppelt hat.

In der Zwischenzeit ein Blech mit Backpapier auslegen. Den gegangenen Teig weitere 2–3 Minuten kräftig kneten, zu 2 Baguettes formen und auf das Backpapier setzen. Mit einem Küchentuch abdecken und erneut ca. 20 Minuten bei Zimmertemperatur gehen lassen.

Den Backofen mit einer Tasse Wasser auf 220 Grad vorheizen. Die aufgegangenen Baguettes im vorgeheizten Backofen 10 Minuten backen.

Die Temperatur auf 170 Grad zurückstellen und in ca. 15–20 Minuten fertigbacken.

Die Stangenbrote sind durchgebacken, wenn sie beim Klopfen auf die Unterseite hohl klingen.

Kräuterbaguettes

500 g Dinkelvollkornmehl · 20 g Hefe
15 g Vollmeersalz · 250–300 ml lauwarmes Wasser
1 EL Sonnenblumenöl
6 EL gehackte frische oder TK-Kräuter (Petersilie, Majoran, Basilikum)

Das Vollkornmehl mit den gehackten Kräutern in einer großen Schüssel mischen. Tiefgefrorene Kräuter müssen übrigens aufgetaut sein und Zimmertemperatur haben. Getrocknete Kräuter können zwar auch verwendet werden, sind aber nicht so intensiv im Geschmack und deshalb nicht unbedingt empfehlenswert.

Die Hefe in 150 ml lauwarmem Wasser vollständig auflösen. Im restlichen lauwarmen Wasser das Salz lösen, alles zusammen mit dem EL Öl zufügen und miteinander vermischen. Den Brotteig 10 Minuten lang kräftig kneten, anschließend abdecken und an einem warmen Ort ca. 30 Minuten lang gehen lassen, bis sich sein Volumen verdoppelt hat.

In der Zwischenzeit ein Blech mit Backpapier auslegen oder mit 5 g ungehärtetem Kokosfett einpinseln.

Den gegangenen Teig weitere 2–3 Minuten durchkneten, in zwei Baguettes formen und auf das vorbereitete Backblech setzen. Die Teigstangen mit einem Küchenhandtuch abdecken und bei Zimmertemperatur erneut 20–25 Minuten gehen lassen.

Den Backofen mit einer Tasse Wasser auf 220 Grad vorheizen. Die gegangenen Brotstangen ca. 10 Minuten vorbacken, dann die Temperatur auf 170 Grad zurückstellen und die Baguettes weitere 15–20 Minuten backen. Sie sind fertig, wenn sie beim Klopfen auf die Unterseite hohl klingen.

Laugenbaguettes

500 g Weizenvollkornmehl · 20 g Hefe
10 g Vollmeersalz · 250–300 ml lauwarmes Wasser
15 g Natron · 1 l Wasser

Das Vollkornmehl in eine große Schüssel geben. Die Hefe in 150 ml lauwarmem Wasser vollständig auflösen. Im restlichen Wasser das Salz auflösen. Beides zusammen mit dem Mehl vermischen und 10 Minuten lang kräftig kneten. Den Teig abdecken und ca. 30 Minuten an einem warmen Platz gehen lassen, bis sich das Volumen verdoppelt hat.
In der Zwischenzeit ein Blech mit Backpapier belegen oder mit 5 g ungehärtetem Kokosfett einpinseln.
Den Baguetteteig weitere 2–3 Minuten durchkneten, in drei Stangen formen, diese auf das vorbereitete Backblech setzen und mit einem Küchentuch abdecken. Bei Zimmertemperatur erneut ca. 20–25 Minuten gehen lassen.
Den Backofen mit einer Tasse Wasser auf 220 Grad vorheizen. Das Natron in 1 l Wasser vollständig auflösen und am besten in einer Pfanne mit einem Durchmesser von 28–30 cm zum Kochen bringen. Die aufgegangenen Baguettes 1 Minute in der kochenden Lauge wenden. Die Brotstangen herausnehmen und auf ein Küchentuch zum Abtropfen legen. Anschließend auf das vorbereitete Backblech setzen und im vorgeheizten Ofen ca. 10 Minuten backen.
Die Temperatur auf 170 Grad reduzieren und die Brote in 10–15 Minuten fertigbacken.
Die Baguettes sind durchgebacken, wenn sie beim Klopfen auf die Unterseite hohl klingen.

Schinkenbaguettes

500 g Weizenvollkornmehl · 20 g Hefe
1 TL Vollmeersalz · 250–300 ml lauwarmes Wasser
100 g magere Schinkenspeckwürfel

Die Schinkenspeckwürfel in einer beschichteten Pfanne auf mittlerer Stufe ca. 10 Minuten knusprig rösten.
Das Vollkornmehl in einer großen Schüssel mit den abgekühlten Schinkenspeckwürfeln vermischen. Die Hefe in 150 ml lauwarmem Wasser vollständig auflösen. In dem restlichen Wasser das Salz lösen. Beides mit dem Vollkornmehl vermischen. Den Teig 10 Minuten kräftig kneten und abgedeckt an einem warmen Ort ca. 30 Minuten gehen lassen, bis sich sein Volumen verdoppelt hat.
In der Zwischenzeit ein Blech mit Backpapier auslegen oder mit 5 g ungehärtetem Kokosfett einpinseln.
Den gegangenen Teig weitere 2–3 Minuten durchkneten, daraus 2 Baguettes formen und auf das vorbereitete Backblech setzen. Mit einem Küchentuch abdecken und bei Zimmertemperatur erneut 20 Minuten gehen lassen.
In der Zwischenzeit den Backofen mit einer Tasse Wasser auf 220 Grad vorheizen.
Die gegangenen Teigstangen im vorgeheizten Backofen ca. 10 Minuten backen.
Die Temperatur auf 170 Grad reduzieren und die Brotstangen weitere 15–20 Minuten backen.
Durchgebacken sind die Baguettes, wenn sie beim Klopfen auf die Unterseite hohl klingen.

Zwiebelbaguettes

500 g Weizenvollkornmehl · 20 g Hefe
10 g Vollmeersalz · 300 ml Wasser · 1 kleine Zwiebel (ca. 50 g)

Die Zwiebel klein hacken und in einer beschichteten Pfanne goldbraun rösten, anschließend abkühlen lassen.
Das Vollkornmehl in eine große Schüssel geben. Das Salz in 150 ml lauwarmem Wasser auflösen. In dem restlichen Wasser die Hefe vollständig auflösen. Beides mit den abgekühlten Zwiebeln und dem Mehl vermischen. Den Teig 10 Minuten lang kräftig kneten, abdecken und bei Zimmertemperatur ca. 30 Minuten gehen lassen, bis sich das Volumen verdoppelt hat.
In der Zwischenzeit ein Blech mit Backpapier auslegen oder mit 5 g ungehärtetem Kokosfett einpinseln.
Den gegangenen Teig 2–3 Minuten durchkneten und in 2 Baguettes formen. Diese auf das vorbereitete Backblech setzen und mit einem Küchentuch abdecken.
Bei Zimmertemperatur ca. 20 weitere Minuten gehen lassen. Den Backofen mit einer Tasse Wasser auf 220 Grad vorheizen. Die aufgegangenen Teigstangen im vorgeheizten Backofen 10 Minuten backen.
Die Temperatur auf 170 Grad zurückstellen und die Brotstangen in 15–20 Minuten fertigbacken.
Durchgebacken sind die Baguettes, wenn sie beim Klopfen auf die Unterseite hohl klingen.

Käsebaguettes

500 g Dinkelvollkornmehl · 20 g Hefe

10 g Vollmeersalz · 250–300 ml lauwarmes Wasser

50 g Wörishofener Schnittkäse (60 % F. i. T.)

Das Vollkornmehl in eine große Schüssel geben. Die Hefe in 150 ml lauwarmem Wasser auflösen. Das Salz in dem restlichen Wasser auflösen. Beides mit dem Mehl vermischen. Den Teig 10 Minuten lang kräftig kneten, abdecken und ca. 30 Minuten an einem warmen Ort gehen lassen, bis sich sein Volumen verdoppelt hat.

Ein Blech mit Backpapier auslegen oder mit 5 g ungehärtetem Kokosfett einpinseln.

Den gegangenen Teig 2–3 Minuten durchkneten und daraus 2 Baguettes formen. Diese auf das vorbereitete Backblech setzen, mit einem Küchentuch abdecken und erneut ca. 25 Minuten bei Zimmertemperatur gehen lassen.

Den Backofen mit einer Tasse Wasser auf 220 Grad vorheizen. Die beiden Käsescheiben in breitere Streifen schneiden und in gleichmäßigen Abständen in die Mitte der Baguettes drücken. Die gegangenen Teigstangen im vorgeheizten Backofen ca. 15 Minuten backen.

Die Temperatur auf 170 Grad reduzieren und die Stangenbrote 15 weitere Minuten backen. Durchgebacken sind die Baguettes, wenn sie beim Klopfen auf die Unterseite hohl klingen.

Walnußbaguettes

350 g Dinkelvollkornmehl

150 g Weizenvollkornmehl · 75 g Walnüsse

20 g Hefe · 10 g Vollmeersalz

250–300 ml lauwarmes Wasser · 1 EL Walnußkeimöl

Die Walnüsse grob hacken und mit dem Dinkel- und Weizenmehl in einer großen Schüssel mischen. Die Hefe in 150 ml lauwarmem Wasser auflösen. Das Salz in dem restlichen Wasser ebenfalls vollständig auflösen. Die beiden Flüssigkeiten mit dem EL Öl, dem Vollkornmehl und den Nüssen vermischen. Den Teig 10 Minuten lang kräftig kneten und abgedeckt bei Zimmertemperatur ca. 30 Minuten gehen lassen, bis sich das Volumen verdoppelt hat.
In der Zwischenzeit ein Blech mit Backpapier belegen oder mit 5 g ungehärtetem Kokosfett einpinseln.
Den gegangenen Teig weitere 2–3 Minuten durchkneten und zu Baguettes formen. Diese auf das vorbereitete Backblech setzen, mit einem Küchentuch abdecken und bei Zimmertemperatur erneut ca. 20–25 Minuten gehen lassen.
Den Backofen mit einer Tasse Wasser auf 220 Grad vorheizen. Die gegangenen Teigstangen im vorgeheizten Backofen ca. 10 Minuten backen.
Die Temperatur auf 170 Grad zurückstellen und die Brote in 15 bis 20 Minuten fertigbacken.
Die Baguettes sind durchgebacken, wenn sie beim Klopfen auf die Unterseite hohl klingen.

Sonnenblumenkeim-Baguettes

450 g Dinkelvollkornmehl · 20 g Hefe
10 g Vollmeersalz · 220–260 ml lauwarmes Wasser
1 EL Sonnenblumenöl · 100 g Weizenkeimlinge (siehe Seite 23)

Das Mehl in eine große Schüssel geben. Die Hefe in 125 ml lauwarmem Wasser vollständig auflösen. In dem restlichen Wasser das Salz auflösen. Beides zusammen mit dem EL Sonnenblumenöl und den Keimlingen unter das Mehl mischen. Den Teig ca. 10 Minuten kräftig kneten und abgedeckt etwa 30 Minuten bei Zimmertemperatur gehen lassen, bis sich sein Volumen verdoppelt hat.

In der Zwischenzeit ein Blech mit Backpapier auslegen oder mit 5 g ungehärtetem Kokosfett einpinseln.

Den gegangenen Teig weitere 2–3 Minuten kneten und zu 2 Baguettes formen. Diese auf das vorbereitete Backblech setzen und mit einem Küchentuch abgedeckt bei Zimmertemperatur erneut 20–25 Minuten gehen lassen. Zwischenzeitlich den Backofen mit einer Tasse Wasser auf 220 Grad vorheizen.

Die gegangenen Teigstangen im vorgeheizten Ofen 10 Minuten backen.

Danach die Temperatur auf 170 Grad reduzieren und die Baguettes weitere 15–20 Minuten backen.

Die Stangenbrote sind durchgebacken, wenn sie beim Klopfen auf die Unterseite hohl klingen.

Mohnbaguettes

350 g Weizenvollkornmehl

150 g Roggenvollkornmehl · 20 g Hefe

10 g Vollmeersalz · 300 ml lauwarmes Wasser · 25 g Mohn

Das Weizen- mit dem Roggenvollkornmehl in einer großen Schüssel mischen. Die Hefe in 150 ml lauwarmem Wasser vollständig auflösen. In dem restlichen Wasser das Salz auflösen. Beides mit dem Mehl verrühren. Den Teig 10 Minuten kräftig kneten und abgedeckt bei Zimmertemperatur ca. 30 Minuten gehen lassen, bis sich sein Volumen verdoppelt hat.

In der Zwischenzeit ein Blech mit Backpapier auslegen oder mit 5 g ungehärtetem Kokosfett einpinseln.

Den gegangenen Teig weitere 2–3 Minuten kneten und zu 2 Baguettes formen. Den Mohn auf die Arbeitsfläche streuen und die Teigstangen mit der Oberseite leicht hineindrücken, so daß der Mohn haften bleibt. Die Mohnstangen auf das vorbereitete Backblech setzen, mit einem Küchentuch abdecken und erneut ca. 20–25 Minuten bei Zimmertemperatur gehen lassen.

Zwischenzeitlich den Backofen mit einer Tasse Wasser auf 220 Grad vorheizen.

Die gegangenen Baguettes im vorgeheizten Backofen ca. 10 Minuten backen.

Die Temperatur auf 170 Grad zurückstellen und die Stangenbrote in 15–20 Minuten fertigbacken.

Die Baguettes sind durchgebacken, wenn sie beim Klopfen auf die Unterseite hohl klingen.

Mehrkorn-Baguettes

150 g Weizen · 150 g Gerste · 150 g Buchweizen
20 g Hefe · 10 g Vollmeersalz
250–300 ml lauwarmes Wasser · 1 EL Brotgewürz

Weizen, Gerste, Buchweizen und die Brotgewürze zusammen in der Getreidemühle fein mahlen. Die Hefe in 150 ml lauwarmem Wasser vollständig auflösen. Das Salz in dem restlichen Wasser auflösen. Beides mit dem Vollkornmehl vermischen. Den Teig 10 Minuten kräftig kneten und abgedeckt an einem warmen Ort ca. 30 Minuten gehen lassen.
In der Zwischenzeit ein Blech mit Backpapier auslegen oder mit 5 g ungehärtetem Kokosfett einpinseln.
Den gegangenen Teig weitere 2–3 Minuten durchkneten, zu 2 Baguettes formen und auf das vorbereitete Backblech legen. Mit einem Küchentuch abdecken und bei Zimmertemperatur erneut 30 Minuten gehen lassen.
Den Backofen mit einer Tasse Wasser auf 220 Grad vorheizen. Die aufgegangenen Teigstangen im vorgeheizten Backofen ca. 10 Minuten backen.
Die Temperatur auf 170 Grad zurückstellen und die Brote weitere 15–20 Minuten backen.
Die Baguettes sind durchgebacken, wenn sie beim Klopfen auf die Unterseite hohl klingen.

Sesamfladenbrote

500 g Weizenvollkornmehl · 20 g Hefe

10 g Vollmeersalz · 250–300 ml lauwarmes Wasser

25 g Sesamsaat

Das Vollkornmehl in eine große Schüssel geben. Die Hefe in 150 ml lauwarmem Wasser auflösen. Das Salz in dem restlichen Wasser auflösen. Beide Flüssigkeiten mit dem Mehl vermischen. Den Teig anschließend 10 Minuten lang kräftig kneten und an einem warmen Ort ca. 30 Minuten gehen lassen, bis sich sein Volumen verdoppelt hat.

Ein Blech mit Backpapier auslegen oder mit 5 g ungehärtetem Kokosfett einpinseln.

Den gegangenen Teig weitere 2–3 Minuten durchkneten und zu runden, flachen Fladen ausrollen. Mit etwas lauwarmem Wasser bepinseln und mit der Sesamsaat bestreuen. Die Fladenbrote mit einem Küchentuch abdecken und bei Zimmertemperatur erneut ca. 20-25 Minuten gehen lassen.

In der Zwischenzeit den Backofen mit einer Tasse Wasser auf 220 Grad vorheizen.

Die gegangenen Fladen im vorgeheizten Backofen ca. 10–15 Minuten backen.

Die Brote sind durchgebacken, wenn sie beim Klopfen auf die Unterseite hohl klingen.

Kräuterfladenbrote

500 g Dinkelvollkornmehl · 20 g Hefe

10 g Kräutersalz · 250–300 ml lauwarmes Wasser

6 EL gehackte Kräuter (Petersilie, Liebstöckel, Basilikum Majoran, frisch oder tiefgefroren)

Das Mehl in eine große Schüssel geben. Die Hefe in 150 ml lauwarmem Wasser vollständig auflösen. Das Kräutersalz im restlichen Wasser auflösen und beide Flüssigkeiten mit dem Mehl vermischen. Den Teig 10 Minuten kräftig kneten, dann abdecken und an einem warmen Ort ca. 30 Minuten gehen lassen, bis sich sein Volumen verdoppelt hat.

Ein Blech mit Backpapier auslegen oder mit 5 g ungehärtetem Kokosfett einpinseln.

Den gegangenen Hefeteig weitere 2–3 Minuten durchkneten, zu flachen, runden Fladen ausrollen und auf das vorbereitete Backblech setzen. Mit etwas lauwarmem Wasser bestreichen und mit einem Küchentuch abdecken. Die Teigfladen erneut ca. 30 Minuten bei Zimmertemperatur gehen lassen.

Die aufgegangenen Fladen im vorgeheizten Backofen bei 220 Grad mit einer Tasse Wasser 10–15 Minuten backen.

Die Brote sind durchgebacken, wenn sie beim Klopfen auf die Unterseite hohl klingen.

Vierkornfladenbrote

150 g Weizenvollkornmehl

150 g Hafervollkornmehl · 150 g Gerstenvollkornmehl

50 g Maismehl · 20 g Hefe · 10 g Vollmeersalz

250–280 ml lauwarmes Wasser · 1 EL natives Olivenöl

1 Knoblauchzehe · 25 g Mohn

Das Vollkornmehl in eine große Schüssel geben. Die Knoblauchzehe mit Hilfe einer Knoblauchpresse zerdrücken und ins Mehl träufeln. Die Hefe in der einen Hälfte des lauwarmen Wassers vollständig auflösen. In dem restlichen Wasser das Salz auflösen. Beide Flüssigkeiten mit dem EL Öl und dem Mehl vermischen. Den Teig 10 Minuten lang kräftig kneten, abdecken und ca. 30 Minuten bei Zimmertemperatur gehen lassen, bis sich sein Volumen verdoppelt hat.

In der Zwischenzeit ein Blech mit Backpapier auslegen oder mit 5 g ungehärtetem Kokosfett einpinseln.

Den gegangenen Hefeteig weitere 2–3 Minuten kräftig kneten, zu runden, flachen Fladen ausrollen und diese auf das vorbereitete Backblech setzen. Die Teigfladen abdecken und erneut ca. 30 Minuten gehen lassen.

Die Fladen mit lauwarmem Wasser bepinseln und anschließend mit Mohn bestreuen.

Den Backofen mit einer Tasse Wasser auf 220 Grad vorheizen. Die aufgegangenen Brotfladen im vorgeheizten Backofen 10–15 Minuten backen.

Die Fladenbrote sind durchgebacken, wenn sie beim Klopfen auf die Unterseite hohl klingen.

Kümmelfladenbrote

250 g Dinkel · 250 g Weizen · 50 g Kümmel
20 g Hefe · 10 g Vollmeersalz · 300 ml Kefir · 1 EL Kümmel

Den Dinkel mit dem Weizen fein mahlen. 30 g Kümmel grob schroten und das Mehl mit dem Kümmel in einer großen Schüssel vermischen. Den Kefir handwarm erwärmen. In der einen Hälfte die Hefe vollständig auflösen, in der anderen Hälfte das Salz auflösen, alles zum Mehl geben und miteinander vermischen. Den Teig 10 Minuten kräftig kneten und abgedeckt bei Zimmertemperatur ca. 30 Minuten gehen lassen, bis sich das Volumen verdoppelt hat.

In der Zwischenzeit ein Blech mit Backpapier auslegen oder mit 5 g ungehärtetem Kokosfett einpinseln.

Den gegangenen Teig weitere 2–3 Minuten kräftig durchkneten, zu runden, flachen Fladen ausrollen und auf das Backblech setzen. Die Teigfladen mit einem Küchentuch abdecken und bei Zimmertemperatur erneut ca. 30 Minuten gehen lassen. Die Fladenbrote mit lauwarmem Wasser bepinseln und mit dem restlichen ganzen Kümmel bestreuen.

Den Backofen mit einer Tasse Wasser auf 220 Grad vorheizen. Die gegangenen Teigfladen im vorgeheizten Backofen ca. 10–15 Minuten backen.

Die Fladenbrote sind durchgebacken, wenn sie beim Klopfen auf die Unterseite hohl klingen.

Brötchen und Brezeln

Wer am Wochenende mit Brötchen frühstücken möchte, hat zwei Möglichkeiten:
Bereiten Sie am Vorabend die Brötchen wie gewohnt vor, allerdings nur halb fertig backen, d. h. die Brötchen werden bei 220 Grad nur 10 Minuten gebacken. Am nächsten Morgen die Brötchen mit Wasser bepinseln und im vorgeheizten Backofen mit einer Tasse Wasser bei 220 Grad weitere 10 Minuten backen.
Eine andere Möglichkeit, Brötchen auf Vorrat zu halten, besteht darin: die Brötchen wie oben im vorgeheizten Backofen bei 220 Grad mit einer Tasse Wasser backen und sie noch warm einzeln einfrieren. Nach einer Stunde gibt man die Brötchen zusammen in einen großen Behälter und läßt sie tiefgefrieren. Werden am Morgen Brötchen zum Frühstück gewünscht, so heizt man den Backofen auf 220 Grad vor, bepinselt die tiefgefrorenen Brötchen mit Wasser und bäckt sie mit einer Tasse Wasser im Ofen 15-20 Minuten.
Aus einer Menge von 500 g Mehl lassen sich 10—12 Brötchen herstellen.

Weizenvollkornbrötchen

500 g Weizenvollkornmehl · 300 ml lauwarmes Wasser

20 g Hefe · 10 g Vollmeersalz

Das Weizenvollkornmehl in eine große Schüssel geben. Die Hefe in 150 ml lauwarmem Wasser vollständig auflösen. Im restlichen Wasser das Salz auflösen, alles mit dem Mehl vermischen. Den Teig 10 Minuten kräftig kneten und abgedeckt an einem warmen Ort ca. 30 Minuten gehen lassen.
Ein Blech mit Backpapier auslegen oder mit 5 g ungehärtetem Kokosfett einpinseln.

Den gegangenen Brötchenteig weitere 2–3 Minuten kräftig durchkneten und zu Brötchen formen. Diese auf das vorbereitete Backblech setzen, mit einem Küchentuch abdecken und erneut ca. 30 Minuten bei Zimmertemperatur gehen lassen.
Den Backofen mit einer Tasse Wasser auf 220 Grad vorheizen. Die gegangenen Brötchen ca. 20–25 Minuten im vorgeheizten Backofen backen.
Die Brötchen sind durchgebacken, wenn sie beim Klopfen auf die Unterseite hohl klingen.

Dinkelbrötchen mit Sonnenblumenkernen

500 g Dinkelvollkornmehl · 100 g Sonnenblumenkerne
20 g Hefe · 10 g Vollmeersalz · 300 ml Buttermilch

Die Hälfte der Sonnenblumenkerne in einer beschichteten Pfanne rösten und abkühlen lassen. Das Dinkelmehl in eine große Schüssel geben. Die Buttermilch leicht erwärmen und in einer Hälfte die Hefe, in der anderen Hälfte das Salz vollständig auflösen. Beides mit dem Mehl vermischen. Die abgekühlten Sonnenblumenkerne zufügen und den Teig 10 Minuten kräftig kneten, abdecken und bei Zimmertemperatur ca. 30 Minuten gehen lassen, bis sich das Volumen verdoppelt hat.
In der Zwischenzeit ein Blech mit Backpapier auslegen oder mit 5 g ungehärtetem Kokosfett einpinseln.
Den gegangenen Teig weitere 2–3 Minuten durchkneten und zu Brötchen formen. Diese dann mit lauwarmem Wasser bepinseln, mit den restlichen Sonnenblumenkernen bestreuen und diese leicht andrücken. Die Brötchen mit einem Küchentuch abdecken und bei Zimmertemperatur erneut 30 Minuten gehen lassen.

Den Backofen mit einer Tasse Wasser auf 220 Grad vorheizen. Die Brötchen im vorgeheizten Backofen ca. 20–25 Minuten backen.
Sie sind durchgebacken, wenn sie beim Klopfen auf die Unterseite hohl klingen.

Mohnbrötchen

250 g Dinkelvollkornmehl · 250 g Weizenvollkornmehl

20 g Hefe · 10 g Vollmeersalz · 300 ml lauwarmes Wasser

1 EL Öl aus der 1. Pressung, unraffiniert · 50 g Mohn

Beide Mehlsorten in einer großen Schüssel mischen. Die Hefe in 150 ml lauwarmem Wasser vollständig auflösen, das Salz im restlichen Wasser auflösen. Beides mit dem Mehl verrühren. Den Teig dann 10 Minuten kräftig kneten, abdecken und an einem warmen Ort ca. 30 Minuten gehen lassen, bis sich sein Volumen verdoppelt hat.
In der Zwischenzeit ein Blech mit Backpapier belegen oder mit 5 g ungehärtetem Kokosfett einpinseln.
Den gegangenen Teig weitere 2–3 Minuten kräftig kneten und zu Brötchen formen. Den Mohn auf einen Teller schütten und die Brötchen mit der Oberseite hineindrücken, so daß der Mohn hängen bleibt. Die Mohnbrötchen auf das vorbereitete Backblech setzen und abgedeckt erneut ca. 30 Minuten bei Zimmertemperatur gehen lassen.
Den Backofen mit einer Tasse Wasser auf 220 Grad vorheizen. Die Brötchen im vorgeheizten Backofen 20–25 Minuten backen.
Sie sind durchgebacken, wenn sie beim Klopfen auf die Unterseite hohl klingen.

Sesambrötchen

500 g Weizenvollkornmehl · 20 g Hefe
10 g Vollmeersalz · 1 Becher Vollmilchjoghurt
150 ml lauwarmes Wasser · 50 g Sesam

Das Vollkornmehl in eine große Schüssel schütten. Die Hefe im lauwarmen Wasser vollständig auflösen, das Salz dazugeben, ebenfalls auflösen und mit dem Mehl verrühren. Den angewärmten Joghurt unterrühren. Den Teig 10 Minuten kräftig kneten. Abgedeckt bei Zimmertemperatur ca. 30 Minuten gehen lassen, bis sich das Volumen verdoppelt hat.

In der Zwischenzeit ein Blech mit Backpapier auslegen oder mit 5 g ungehärtetem Kokosfett einpinseln.

Den gegangenen Teig weitere 2–3 Minuten kräftig kneten und zu Brötchen formen. Diese mit einem Messer kreuzweise leicht einschneiden. Die Sesamsaat auf einen Teller schütten und die Brötchen mit der Oberseite hineindrücken, so daß der Sesam haften bleibt. Die Brötchen auf das vorbereitete Backblech setzen, mit einem Küchentuch abdecken und erneut 30 Minuten bei Zimmertemperatur gehen lassen.

Den Backofen mit einer Tasse Wasser auf 220 Grad vorheizen. Die aufgegangenen Teigbrötchen ca. 20–25 Minuten im vorgeheizten Backofen backen.

Die Brötchen sind durchgebacken, wenn sie beim Klopfen auf die Unterseite hohl klingen.

Kürbiskernbrötchen

500 g Dinkelvollkornmehl · 20 g Hefe
10 g Vollmeersalz · 250–280 ml lauwarmes Wasser
1 EL Quark · 150 g Kürbiskerne

Das Dinkelmehl in eine große Schüssel geben. 100 g Kürbiskerne grob hacken und unter das Mehl mischen. In der einen Hälfte des lauwarmen Wassers die Hefe, in der anderen Hälfte das Salz vollständig auflösen und alles mit dem Mehl vermischen. Den Teig 10 Minuten kräftig kneten. Abgedeckt bei Zimmertemperatur ca. 30 Minuten gehen lassen, bis sich das Volumen verdoppelt hat.
In der Zwischenzeit ein Blech mit Backpapier auslegen oder mit 5 g ungehärtetem Kokosfett einpinseln.
Den gegangenen Teig weitere 2–3 Minuten durchkneten und zu Brötchen formen. Die Brötchenoberseite mit lauwarmem Wasser bepinseln und die restlichen Kürbiskerne darüber verteilen. Mit den Händen die Kerne leicht andrücken. Die Brötchen mit einem Küchentuch abdecken und erneut ca. 30 Minuten gehen lassen.
Den Backofen mit einer Tasse Wasser auf 220 Grad vorheizen. Die gegangenen Brötchen ca. 20–25 Minuten im vorgeheizten Ofen backen.
Sie sind durchgebacken, wenn sie beim Klopfen auf die Unterseite hohl klingen.

Zwiebelbrötchen

350 g Weizen · 150 g Roggen · 1 EL Brotgewürz
20 g Hefe · 10 g Vollmeersalz
300 ml lauwarmes Wasser · 1 kleine Zwiebel

Den Weizen mit dem Roggen und dem Brotgewürz fein mahlen und alles zusammen in eine große Schüssel geben. Die Zwiebel fein hacken, in einer beschichteten Pfanne andünsten und abgekühlt unter das Vollkornmehl mischen. Die Hefe in 150 ml lauwarmem Wasser vollständig auflösen. Im restlichen Wasser das Salz auflösen, alles zum Mehl geben und miteinander vermischen. Den Teig 10 Minuten lang kräftig kneten.

Abgedeckt bei Zimmertemperatur ca. 30 Minuten gehen lassen, bis sich das Volumen verdoppelt hat.

In der Zwischenzeit ein Blech mit Backpapier auslegen oder mit 5 g ungehärtetem Kokosfett einpinseln.

Den gegangenen Teig weitere 2–3 Minuten kräftig kneten und runde Brötchen daraus formen. Diese auf das vorbereitete Backblech setzen und mit einem Messer kreuzweise leicht einschneiden. Die Brötchen mit einem Küchenhandtuch abdecken und bei Zimmertemperatur erneut 30 Minuten gehen lassen.

Den Backofen mit einer Tasse Wasser auf 220 Grad vorheizen. Die gegangenen Brötchen im vorgeheizten Backofen ca. 20–25 Minuten backen.

Die Brötchen sind durchgebacken, wenn sie beim Klopfen auf die Unterseite hohl klingen.

Sprossenbrötchen

350 g Weizen · 150 g Amaranth
100 g Mungobohnenkeimlinge (siehe Seite 23)
20 g Hefe · 10 g Vollmeersalz
250 ml lauwarmes Wasser · 1 EL Sonnenblumenöl

Den Weizen mit dem Amaranth zusammen in der Getreidemühle fein mahlen und in einer großen Schüssel mit den Mungobohnenkeimlingen mischen. In ⅛ l lauwarmem Wasser die Hefe vollständig auflösen. In dem übrigen Wasser das Salz auflösen. Beides mit dem Vollkornmehl vermischen. Den Teig 10 Minuten lang kräftig kneten, anschließend abgedeckt bei Zimmertemperatur ca. 30 Minuten gehen lassen, bis sich das Volumen verdoppelt hat.
In der Zwischenzeit ein Blech mit Backpapier auslegen oder mit 5 g ungehärtetem Kokosfett einpinseln.
Den gegangenen Vollkornteig weitere 2–3 Minuten kräftig durchkneten und längliche Brötchen daraus formen. Diese auf das vorbereitete Blech setzen und mit einem Küchentuch abdecken. Bei Zimmertemperatur erneut ca. 30 Minuten gehen lassen.
Den Backofen mit einer Tasse Wasser auf 220 Grad vorheizen. Die gegangenen Brötchen im vorgeheizten Backofen ca. 20–25 Minuten backen.
Die Brötchen sind durchgebacken, wenn sie beim Klopfen auf die Unterseite hohl klingen.

Dinkelflockenbrötchen

350 g Dinkelvollkornmehl · 100 g Hafervollkornmehl
150 g Dinkelvollkornflocken · 1 KL Fenchel
1 KL Koriander · 20 g Hefe · 10 g Vollmeersalz · 300 ml Kefir

Das Dinkel- mit dem Hafermehl und 100 g Vollkornflocken mischen. Den Fenchel und den Koriander fein mahlen und zum Vollkornmehl geben. Im lauwarmen Kefir zuerst die Hefe, anschließend das Salz vollständig auflösen, alles mit dem Mehl vermischen. Den Teig 10 Minuten kräftig kneten, dann abgedeckt bei Zimmertemperatur 30 Minuten gehen lassen, bis sich das Volumen verdoppelt hat.

In der Zwischenzeit ein Blech mit Backpapier auslegen oder mit 5 g ungehärtetem Kokosfett einpinseln.

Den gegangenen Brötchenteig weitere 2–3 Minuten kräftig kneten, zu Brötchen formen und auf das vorbereitete Backblech setzen. Die Brötchen mit lauwarmem Wasser bepinseln und die restlichen Haferflocken darauf verteilen. Mit einem Küchentuch abdecken und erneut ca. 30 Minuten bei Zimmertemperatur gehen lassen.

Den Backofen mit einer Tasse Wasser auf 220 Grad vorheizen. Die gegangenen Teigbrötchen im vorgeheizten Backofen ca. 20–25 Minuten backen.

Die Brötchen sind durchgebacken, wenn sie beim Klopfen auf die Unterseite hohl klingen.

Kräuterbrötchen

350 g Weizen · 350 g Buchweizen
1 EL Kräuter (Petersilie, Pimpinelle, Koriander und Kerbel)
1 EL Alfalfakeimlinge (siehe Seite 23) · 20 g Hefe
10 g Vollmeersalz · 300 ml lauwarmes Wasser

Den Weizen mit dem Buchweizen fein mahlen und in eine große Schüssel geben. Die frischen Gartenkräuter waschen, klein hacken und mit den Alfalfakeimlingen unter das Vollkornmehl mischen. Die Hefe in 150 ml lauwarmem Wasser vollständig auflösen. Das Salz in dem restlichen Wasser lösen und beides mit dem Mehl vermischen. Den Teig 10 Minuten kräftig kneten und abgedeckt bei Zimmertemperatur ca. 30 Minuten gehen lassen, bis sich das Volumen verdoppelt hat.
In der Zwischenzeit ein Blech mit Backpapier auslegen oder mit 5 g ungehärtetem Kokosfett einpinseln.
Den gegangenen Hefeteig weitere 2–3 Minuten kneten und zu Brötchen formen. Diese auf das vorbereitete Backblech setzen und mit einem Küchentuch abgedeckt erneut ca. 30 Minuten bei Zimmertemperatur gehen lassen.
Den Backofen mit 1 Tasse Wasser auf 220 Grad vorheizen.
Die gegangenen Teigbrötchen ca. 20–25 Minuten im vorgeheizten Backofen backen.
Die Brötchen sind durchgebacken, wenn sie beim Klopfen auf die Unterseite hohl klingen.

Schinkenbrötchen

350 g Weizen · 150 g Gerste · 1 EL Brotgewürz
100 g geräucherte Schinkenspeckwürfel · 20 g Hefe
1 TL Vollmeersalz · 300 ml lauwarmes Wasser

Die Schinkenspeckwürfel in einer beschichteten Pfanne bei mittlerer Hitze leicht anrösten, anschließend abkühlen lassen.
Den Weizen mit der Gerste und dem Brotgewürz in der Getreidemühle fein mahlen und alles zusammen in eine große Schüssel geben. Die Hefe in 150 ml lauwarmem Wasser vollständig auflösen. Das Salz im restlichen Wasser auflösen und beides mit dem Vollkornmehl vermischen. Die abgekühlten Schinkenspeckwürfel zufügen, den Teig 10 Minuten lang kneten, abdecken und an einem warmen Ort ca. 30 Minuten gehen lassen, bis sich das Volumen verdoppelt hat.
In der Zwischenzeit ein Blech mit Backpapier auslegen oder mit 5 g ungehärtetem Kokosfett einpinseln.
Den gegangenen Teig weitere 2–3 Minuten kräftig kneten und zu Brötchen formen. Diese auf das vorbereitete Backblech setzen und abgedeckt erneut ca. 30 Minuten gehen lassen.
Den Backofen mit einer Tasse Wasser auf 220 Grad vorheizen. Die gegangenen Teigbrötchen ca. 20–25 Minuten im vorgeheizten Backofen backen.
Die Brötchen sind durchgebacken, wenn sie beim Klopfen auf die Unterseite hohl klingen.

Laugenbrötchen

500 g Weizenvollkornmehl · 20 g Hefe
10 g Vollmeersalz · 250 ml lauwarmes Wasser
1 EL Sonnenblumenöl · 15 g Natron · 1 l Wasser

Das Vollkornmehl in eine große Schüssel geben. Die Hefe im lauwarmen Wasser vollständig auflösen, anschließend das Salz darin auflösen. Die Flüssigkeit mit dem Mehl vermischen. Den Teig dann 10 Minuten kräftig kneten und abgedeckt ca. 30 Minuten an einem warmen Ort gehen lassen, bis sich sein Volumen verdoppelt hat.

In der Zwischenzeit ein Blech mit Backpapier auslegen oder mit 5 g ungehärtetem Kokosfett einpinseln.

Den gegangenen Teig weitere 2–3 Minuten kräftig kneten und zu runden Brötchen formen. Diese dann auf das Backblech setzen und abgedeckt erneut ca. 30 Minuten bei Zimmertemperatur gehen lassen.

Den Backofen mit einer Tasse Wasser auf 220 Grad vorheizen. In der Zwischenzeit das Natron in dem Wasser auflösen und zum Kochen bringen. Die aufgegangenen Brötchen ca. 1 Minute in der kochenden Natronlauge wenden. Am besten mit dem Schaumlöffel herausnehmen und zum Abtropfen auf ein Küchentuch legen. Danach die Laugenbrötchen wieder auf das Backblech setzen.

Die Brötchen im vorgeheizten Backofen ca. 20–25 Minuten backen. Die Brötchen sind durchgebacken, wenn sie beim Klopfen auf die Unterseite hohl klingen.

Laugenbrezeln

500 g Weizenvollkornmehl · 20 g Hefe
1 TL Vollmeersalz · 250 ml Wasser · 1 EL Sonnenblumenöl
15 g Natron · 1 l Wasser

Das Vollkornmehl in eine große Schüssel geben. Die Hefe in 250 ml lauwarmem Wasser vollständig auflösen, anschließend das Salz darin lösen, die Flüssigkeit in das Mehl schütten und alles miteinander vermischen. Den Teig ca. 10 Minuten kräftig kneten und abgedeckt ca. 30 Minuten gehen lassen, bis sich sein Volumen verdoppelt hat.

In der Zwischenzeit ein Blech mit Backpapier auslegen oder mit 5 g ungehärtetem Kokosfett einpinseln.

Den gegangenen Brötchenteig weitere 2–3 Minuten kräftig kneten, dann zu einer 2 cm dicken Rolle formen. Diese in 20–25 cm lange Stücke schneiden. Die Stücke jeweils zu Brezeln formen und die Enden leicht andrücken. Die Brezeln mit einem Tuch abdecken und erneut ca. 30 Minuten gehen lassen.

In der Zwischenzeit das Natron in dem Wasser auflösen und zum Kochen bringen. Die aufgegangenen Brezeln ca. 1 Minute darin wenden, mit dem Schaumlöffel herausnehmen und auf ein Küchentuch zum Abtropfen legen. Die Brezeln anschließend auf das vorbereitete Backblech setzen.

Den Backofen mit einer Tasse Wasser auf 220 Grad vorheizen. Die Laugenbrezeln im vorgeheizten Backofen ca. 15–20 Minuten backen.

Partybrötchenkranz

500 g Weizen · 250 g Dinkel · 2 EL Brotgewürz
30 g Hefe · 15 g Vollmeersalz · 350 ml Wasser
1 EL Quark · 1 EL Sesamsaat · 1 EL Mohn
1 EL Sonnenblumenkerne · 1 EL Kürbiskerne
1 EL Kümmel · 1 EL Vollkornhaferflocken

Den Weizen mit dem Dinkel und dem Brotgewürz in der Getreidemühle fein mahlen und in eine große Schüssel geben. Die Hefe in 150 ml lauwarmem Wasser vollständig auflösen. Im restlichen Wasser das Salz auflösen und alles zusammen mit dem Quark, der Zimmertemperatur haben muß, unter das Mehl rühren. Den Teig 10 Minuten kräftig kneten und abgedeckt an einem warmen Ort ca. 30 Minuten gehen lassen.
In der Zwischenzeit ein Blech mit Backpapier belegen oder mit 5 g ungehärtetem Kokosfett einpinseln.
Den gegangenen Hefeteig weitere 2–3 Minuten kräftig durchkneten und zu runden Brötchen formen. Zuerst setzt man ein Brötchen in die Mitte des Backbleches und alle anderen plaziert man rundherum im Kreis aneinander. Den Brötchenkranz mit lauwarmem Wasser einpinseln. Wieder in der Mitte beginnend, bestreut man jedes Brötchen abwechselnd mit Sesamsaat, Mohn, Sonnenblumenkernen, Kürbiskernen, Kümmel und mit Vollkornhaferflocken. Den Brötchenkranz mit einem Küchentuch abdecken und bei Zimmertemperatur erneut ca. 30 Minuten gehen lassen.
In der Zwischenzeit den Backofen mit einer Tasse Wasser auf 220 Grad vorheizen. Den Brötchenkranz im vorgeheizten Backofen 20 Minuten backen. Die Temperatur auf 170 Grad reduzieren und den Kranz 25–30 weitere Minuten backen.
Der Brötchenkranz ist durchgebacken, wenn er beim Klopfen auf die Unterseite hohl klingt.

Brokkolitarte

Für den Tarteboden:
200 g Weizenvollkornmehl · 50 g kalte Butter
100 g Magerquark · 1 Prise Vollmeersalz
5 g ungehärtetes Kokosfett
Für den Belag:
800 g Brokkoli · 3 EL Wasser
1 EL granulierte Gemüsebrühe · 100 g Schinkenwürfel
1 Zwiebel · $\frac{1}{8}$ l süße Sahne · 3 Eigelb
30 g Wörishofener Schnittkäse · geriebener Muskat

Eine Tarte- bzw. eine Springform mit dem Kokosfett einpinseln. Die kalte Butter in ganz kleine Stückchen schneiden. Das Mehl, den Quark und die kalten kleinen Butterstücke mit dem Salz mit Hilfe von 2 Teigkarten miteinander vermischen. Anschließend alles rasch – mit möglichst kalten Händen – zu einem Mürbeteig verkneten.
Den Teig ausrollen und die Form damit ausfüttern. Den Teigboden mehrfach mit einer Gabel einstechen. Die Form mit dem Teig für 30 Minuten zum Ruhen in den Kühlschrank stellen.
Den Brokkoli waschen, putzen und in Röschen teilen. Die zarten Stiele in dünne Scheiben schneiden. Das Gemüse mit 3 EL Wasser und etwas granulierter Gemüsebrühe zum Kochen bringen, dann auf halber Stufe 3 Minuten dünsten. Die Schinkenwürfel eventuell noch einmal durchschneiden und in einer beschichteten Pfanne bei mittlerer Hitze auslassen. Die Zwiebel in Würfel schneiden und mit dem Schinkenspeck zusammen dünsten.

Den Backofen auf 220 Grad vorheizen.
Die Tarte aus dem Kühlschrank nehmen. Den abgetropften Brokkoli auf dem Boden verteilen.
Die Sahne mit den Eigelben, dem kleingeschnittenen Käse und dem geriebenen Muskat verquirlen und mit einer Gabel kräftig aufschlagen.
Die Schinkenspeck-Zwiebel-Würfel vom Herd nehmen, mit der Sahne-Ei-Käsemasse vermischen und über das Gemüse ziehen.
Die Brokkolitarte im vorgeheizten Backofen bei 220 Grad ca. 20 bis 25 Minuten goldbraun backen.

Spargeltarte

Für den Tarteboden:
200 g Dinkelvollkornmehl · 50 g kalte Butter
100 g Magerquark · 1 Prise Salz · 5 g ungehärtetes Kokosfett
Für den Belag:
800 g Spargel · 1 l Wasser · 1 Prise Vollmeersalz
⅛ l süße Sahne · 1 ML Biobin · 3 Eigelb
70 g Wörishofener Schnittkäse · 1 Prise Salz
geriebener Muskat

Eine Tarte- bzw. Springform mit dem Kokosfett einpinseln.
Die kalte Butter in kleine Stückchen schneiden.
Das Dinkelmehl mit dem Quark, den Butterstückchen und dem Salz mit Hilfe von 2 Teigkarten miteinander vermischen. Anschlie-

ßend alles rasch – mit möglichst kalten Händen – zu einem Mürbeteig verkneten.
Den Teig ausrollen und die gefettete Form damit ausfüttern. Den Teigboden mehrfach mit einer Gabel einstechen und die Form mit dem Teig anschließend für 30 Minuten in den Kühlschrank stellen.
In der Zwischenzeit den Spargel schälen, dabei die holzigen Endstücke abschneiden. Den Spargel in etwa 6–8 cm lange Stücke schneiden und in dem Wasser mit der Prise Salz zum Kochen bringen. Die Herdplatte auf halbe Stufe stellen und das Gemüse ca. 8 Minuten bei mittlerer Hitze kochen. Den vorgegarten Spargel herausnehmen und auf ein Küchentuch zum Abtropfen legen.
Den Backofen auf 220 Grad vorheizen.
Den abgetropften Spargel auf dem Tarteboden verteilen.
Die Sahne mit dem Eigelb, der Prise Salz und dem ML Biobin verquirlen und über den Spargel verteilen. Die Spargeltarte im vorgeheizten Backofen ca. 20–25 Minuten goldgelb backen.

Gemüsekuchen

FÜR DEN TARTEBODEN:

200 g Weizenvollkornmehl · 50 g kalte Butter

100 g Magerquark · 1 Prise Kräutermalz

5 g ungehärtetes Kokosfett

FÜR DEN BELAG:

200 g Möhren · 200 g Erbsen · 200 g Kohlrabi

200 g Mais · 3 EL Wasser · 1 KL granulierte Gemüsebrühe

1 Zwiebel · 1 Becher Kräuter-Crème fraîche · 2 Eigelb

1 ML Biobin · 100 g Kräuterfrischkäse (60 % F. i. T.)

Eine Tarte- bzw. Springform mit dem Kokosfett einpinseln.
Die kalte Butter in sehr kleine Stückchen schneiden.
Das Vollkornmehl mit den Butterstückchen, dem Quark und dem Kräutersalz mit Hilfe von 2 Teigkarten miteinander vermischen. Anschließend alles rasch mit möglichst kalten Händen zu einem Teig verkneten, diesen ausrollen und die gefettete Form damit ausfüttern. Den Boden mehrfach mit einer Gabel einstechen.
Anschließend den Mürbeteig in der Form zum Ruhen für ca. 20 Minuten in den Kühlschrank stellen.
Den Backofen auf 220 Grad vorheizen.
Das Gemüse waschen, putzen und kleinschneiden. Die Zwiebel hacken und mit 1 EL Wasser in einem Topf andünsten. Das Gemüse mit 2 EL Wasser und etwas granulierter Gemüsebrühe zum Kochen bringen, ca. 3 Minuten auf halber Stufe mitdünsten, dann in einem Sieb abtropfen lassen. Das abgetropfte Gemüse auf dem Mürbeteigboden verteilen.
Die Kräuter-Crème fraîche mit Eigelb, dem Biobin und dem Kräuterfrischkäse verquirlen und über das Gemüse ziehen. Im vorgeheizten Backofen ca. 20–25 Minuten backen.

Lauchtorte

Für den Teigboden:

200 g Weizenvollkornmehl · 10 g kalte Butter

50 g Quark · 1 Prise Vollmeersalz · 5 g ungehärtetes Kokosfett

Für den Belag:

1 kg Lauch · 200 g durchwachsener Speck

3 EL Wasser · 1 KL granulierte Gemüsebrühe

⅛ l süße Sahne · 3 Eigelb · 2 ML Biobin

1 Prise Muskat · 1 Prise Vollmeersalz

Eine Springform mit dem Kokosfett einpinseln.
Die kalte Butter in kleine Stückchen schneiden.
Das Vollkornmehl mit den Butterstückchen, dem Quark sowie dem Salz mit Hilfe von 2 Teigkarten vermischen. Anschließend alles mit möglichst kalten Händen rasch zu einem Mürbeteig verarbeiten.
Den Teig ausrollen und die Form damit ausfüttern. Den Teigboden mit einer Gabel mehrfach einstechen und zum Ruhen für ca. 30 Minuten in den Kühlschrank stellen.
Den Backofen auf 200 Grad vorheizen.
Den Lauch waschen und in feine Ringe schneiden. Den durchwachsenen Speck würfeln und in einem Topf bei mittlerer Stufe langsam auslassen. Das Gemüse mit 3 EL Wasser und etwas granulierter Gemüsebrühe ca. 3 Minuten bei mittlerer Stufe dünsten. Das Gemüse in einem Sieb abtropfen lassen. Den abgetropften Lauch mit den Speckwürfeln auf dem Teigboden verteilen.
Die Sahne mit Eigelb, Biobin, Muskat und Salz verquirlen und über das Gemüse ziehen.
Den Lauchkuchen im vorgeheizten Backofen bei 200 Grad ca. 20 Minuten backen.

Pfälzer Zwiebelkuchen

FÜR DEN TEIGBODEN:

250 g Weizenvollkornmehl · 10 g Hefe

100–150 ml Wasser · 1 Prise Salz · 5 g ungehärtetes Kokosfett

FÜR DEN BELAG:

1 kg Zwiebeln · 150 g Schinkenspeck · 1/8 l saure Sahne

3 Eigelb · 2 EL Biobin · 1 Prise Vollmeersalz · 10 g Kümmel

Eine Springform mit dem Kokosfett einpinseln.

Das Vollkornmehl in eine Schüssel geben. Die Hefe im lauwarmen Wasser vollständig auflösen, anschließend das Salz darin lösen und die Flüssigkeit mit den Mehl vermischen. Den Teig ca. 10 Minuten kräftig kneten und abgedeckt bei Zimmertemperatur ca. 30 Minuten gehen lassen, bis sich sein Volumen verdoppelt hat. Den gegangenen Hefeteig weitere 2–3 Minuten kräftig kneten, anschließend ausrollen und die gefettete Springform damit ausfüttern. Den Teig abdecken und bei Zimmertemperatur erneut ca. 30 Minuten gehen lassen.

Den Backofen auf 220 Grad vorheizen.

In der Zwischenzeit die Zwiebeln schälen und in dünne Ringe schneiden. Den Schinkenspeck würfeln und in einem großen Topf bei mittlerer Hitze auslassen. Die Zwiebelringe zufügen und unter öfterem Wenden hellgelb schmoren. Die saure Sahne mit Eigelb, Biobin, Salz und Kümmel verquirlen und mit der Zwiebelmasse vermischen. Diese Masse auf dem gegangenen Hefeteig verstreichen. Den Zwiebelkuchen im vorgeheizten Backofen bei 220 Grad ca. 1 Stunde goldgelb backen.

Elsässer Quiche

Für den Teigboden:

200 g Weizenvollkornmehl · 100 g Magerquark

75 g Butter · 1 Prise Salz · 5 g ungehärtetes Kokosfett

Für den Belag:

150 g roher Schinken, sehr dünn geschnitten

200 g Wörishofener Schnittkäse · 3 Eigelb

3 EL süße Sahne · 1 Prise Salz · 1 Prise Muskat

Eine Quiche- oder Springform mit dem Kokosfett einpinseln.
Die kalte Butter in kleine Stücke schneiden. Mehl, Quark, Salz und die Butterstückchen mit Hilfe von 2 Teigkarten miteinander vermischen. Anschließend die Zutaten mit kalten Händen rasch zu einem Mürbeteig verarbeiten. Den Teig ausrollen und die eingefettete Form damit auslegen. Mit einer Gabel mehrfach in den Teigboden stechen. Den Quicheteig ca. 30 Minuten im Kühlschrank ruhen lassen.
Den Backofen auf 200 Grad vorheizen.
Den Schinken in 2–3 cm breite Streifen schneiden. Diese Schinkenstreifen in einer Schüssel mit ½ l kochendem Wasser übergießen. Nach 3 Minuten die Flüssigkeit abgießen und den Schinken auf einem Küchentuch abtropfen lassen. Den Schinken auf dem Teigboden verteilen, ebenso den kleingeschnittenen Käse. Die süße Sahne mit Eigelb, Salz und geriebenem Muskat verquirlen, gleichmäßig über Schinken und Käse ziehen.
Die Quiche im vorgeheizten Backofen bei 200 Grad ca. 20 Minuten goldgelb backen.

Champignon-Quiche

Für den Teigboden:

200 g Dinkelvollkornmehl · 100 g Quark

50 g kalte Butter · 1 Prise Vollmeersalz

5 g ungehärtetes Kokosfett

Für den Belag:

800 g Champignons · 50 g Mascarpone-Frischkäse

2 EL saure Sahne · 2 EL Vollmilchjoghurt

1 Prise Vollmeersalz · 1 Prise Paprika

150 g Mozzarella-Käse

Die kalte Butter in sehr kleine Stückchen schneiden.
Eine Quiche- oder Springform mit dem ungehärteten Kokosfett einpinseln.
Das Vollkornmehl mit der in kleine Stückchen geschnittenen Butter, dem Quark und der Prise Salz mit Hilfe von 2 Teigkarten vermischen. Anschließend alles rasch mit kalten Händen zu einem Mürbeteig kneten. Den Teig ausrollen und die gefettete Form damit auslegen. Den Teigboden mehrfach mit einer Gabel einstechen und ca. 30 Minuten im Kühlschrank ruhen lassen.
Den Backofen auf 200 Grad vorheizen.
Die Champignons waschen, in Scheiben schneiden und 5 Minuten in einer beschichteten Pfanne anbraten, damit sie einen Teil ihres Wassers verlieren. Den Quicheboden damit belegen.
Den Mascarpone mit der sauren Sahne, dem Joghurt, Salz und Paprika verquirlen und über die Champignons ziehen.
Den Mozzarella in dünne Scheiben schneiden und über der Quiche verteilen.
Im vorgeheizten Backofen bei 200 Grad 20–25 Minuten backen.

Elsässer Flammenkuchen

Für den Teigboden:
200 g Dinkelvollkornmehl · 200 g Magerquark
80–90 ml Wasser · 5 g ungehärtetes Kokosfett
Für den Belag:
500 g Zwiebeln
100 g Schinkenspeck, in ganz feine Würfel geschnitten
1 Becher süße Sahne · 2 Becher Vollmilchjoghurt
1 Eigelb · 1 Prise Salz · 1 Prise Muskat

Eine Spring- oder Obstkuchenform mit dem Kokosfett einpinseln. Mit Hilfe des Handrührgerätes aus Vollkornmehl, Quark und Wasser einen Teig herstellen. Diesen 1 Stunde im Kühlschrank ruhen lassen. Anschließend den Teig ausrollen und die gefettete Form damit auslegen. Den Teigboden mehrfach mit einer Gabel einstechen.
Den Backofen auf 220 Grad vorheizen.
Die Zwiebeln schälen und in ganz dünne Scheiben schneiden. Mit den Schinkenspeckwürfeln auf dem Teigboden verteilen. Die süße Sahne mit Joghurt, Ei, Salz und feingemahlenem Muskat verquirlen und über Zwiebeln und Schinkenspeckwürfelchen ziehen. Den Flammenkuchen im vorgeheizten Backofen 20–25 Minuten goldgelb backen.

Pizzen

Pizzen werden, obwohl es sich um Hefeteig handelt, nicht mit Dampf gebacken.

Champignonpizza

FÜR DEN PIZZATEIG:
300 g Weizenvollkornmehl · 10 g Hefe
1 TL Vollmeersalz · ½ TL gemahlenes Brotgewürz
1 EL Magerquark · 150 ml lauwarmes Wasser
1 EL Olivenöl · 5 g ungehärtetes Kokosfett
FÜR DEN BELAG:
500 g Champignons · 100 g Rindersalami
150 g Edelpilzkäse (60 % F. i. T.)
½ Becher Vollmilchjoghurt · ½ Becher Kräuter-Crème fraîche
1 Eigelb · 1 TL Kräutersalz · 1 EL Pizzagewürz

Das Vollkornmehl mit dem Brotgewürz und dem auf Zimmertemperatur angewärmten Quark mischen. Die Hefe in dem lauwarmen Wasser vollständig auflösen, anschließend das Salz darin lösen und zusammen mit dem Olivenöl unter das Mehl mischen. Den Teig 10 Minuten kräftig kneten, dann abgedeckt bei Zimmertemperatur ca. 30 Minuten gehen lassen, bis sich sein Volumen verdoppelt hat.
In der Zwischenzeit ein Backblech mit dem Kokosfett einpinseln. Den gegangenen Pizzateig weitere 2–3 Minuten kräftig kneten und auf dem Backblech ausrollen. Den Teig mit einer Gabel mehrfach einstechen und abgedeckt bei Zimmertemperatur erneut 15 Minuten gehen lassen.

Den Backofen auf 220 Grad vorheizen.
In der Zwischenzeit die Champignons waschen und in Scheiben schneiden. Die Rindersalami in Streifen und den Edelpilzkäse in Stückchen schneiden. Den Vollmilchjoghurt mit der Kräuter-Crème fraîche, dem Pizzagewürz, Kräutersalz und Eigelb in einem hohen Gefäß mit dem Schneebesen vermischen.
Den Backofen auf 220 Grad vorheizen.
Den Pizzateig dünn mit Olivenöl einpinseln, im vorgeheizten Backofen 5 Minuten vorbacken. Das Blech aus dem Backofen nehmen und den Teig mit den Champignons belegen. Die Rindersalamistreifen darauf verteilen. Die Joghurt-Käse-Masse mit einem Löffel über die Pizza träufeln. Abschließend den Edelpilzkäse auf der Oberfläche verteilen.
Die Pizza wieder in den Backofen schieben und in 15–20 Minuten fertigbacken.

Lauch-Mascarpone-Pizza

Für den Pizzateig:
300 g Weizenvollkornmehl · 10 g Hefe
1 TL Vollmeersalz · 150 ml lauwarmes Wasser · 1 EL Olivenöl
Für den Belag:
500 g Lauch · 1 Zwiebel · 3 EL Wasser
1 EL granulierte Gemüsebrühe · 150 g Putenlachsschinken
150 g Mascarpone-Frischkäse · ½ Becher Joghurt
½ Becher saure Sahne · 1 Eigelb
1 TL Kräutersalz · 1 EL Oregano

Das Vollkornmehl in eine große Schüssel geben. In dem lauwarmen Wasser die Hefe vollständig auflösen, in derselben Flüssig-

keit das Salz lösen und alles mit dem Mehl vermischen. Anschließend den Teig 10 Minuten kräftig kneten. Danach abgedeckt bei Zimmertemperatur 30 Minuten gehen lassen, bis sich das Volumen verdoppelt hat.
In der Zwischenzeit ein Backblech mit 5 g ungehärtetem Kokosfett einpinseln.
Den Lauch waschen und kleinschneiden. Die Zwiebel schälen, in kleine Würfel schneiden und mit 2 EL Wasser in einem Topf glasig dünsten. Den Lauch zufügen, mit der granulierten Gemüsebrühe bestreuen und das Gemüse mit einem zusätzlichen EL Wasser zum Kochen bringen. Die Herdplatte auf ½ Stufe zurückstellen und die Mischung ca. 2–3 Minuten dünsten. Das Gemüse vom Herd nehmen und abkühlen lassen.
Den Backofen auf 220 Grad vorheizen.
Den aufgegangenen Pizzateig weitere 2–3 Minuten kneten, dann ausrollen und auf das Backblech legen. Mit einer Gabel den Teig mehrfach einstechen und mit einem Küchentuch abdecken. Erneut 15 Minuten gehen lassen. Den Teig anschließend dünn mit Olivenöl einpinseln und im vorgeheizten Backofen ca. 5 Minuten backen. Das Blech herausnehmen, das Lauchgemüse über dem Pizzaboden verteilen. Die saure Sahne mit Joghurt, Eigelb und Oregano in einer größeren Schale gründlich mit dem Schneebesen vermischen. Die Masse mit einem Eßlöffel über das Gemüse träufeln. Den Lachsschinken in Streifen schneiden und auf der Pizza verteilen, ebenso den Mascarpone, der mit Gabel und Messer aufgetragen wird.
Die Pizza wieder in den Backofen schieben und weitere 15–20 Minuten backen.

Schafkäsepizza

Für den Teig:

300 g Weizenvollkornmehl · 10 g Hefe

1 TL Vollmeersalz · ½ TL Brotgewürz · 1 EL Olivenöl

150 ml lauwarmes Wasser · 5 g ungehärtetes Kokosfett

Für den Belag:

jeweils 4 rote, 4 grüne und 4 gelbe Paprikaschoten

2 frische rote Peperoni · 50 g Bündnerfleisch

150 g grüne Oliven · 2 EL Kräuter der Provence

150 g Schafkäse

Das Vollkornmehl in einer großen Schüssel mit dem gemahlenen Brotgewürz mischen. In dem lauwarmen Wasser zuerst die Hefe, dann das Salz vollständig auflösen. Diese Flüssigkeit mit dem EL Olivenöl und dem Mehl vermischen. Den Hefeteig 10 Minuten lang kräftig kneten, dann abgedeckt bei Zimmertemperatur ca. 30 Minuten gehen lassen, bis sich das Volumen verdoppelt hat.
In der Zwischenzeit ein Backblech mit dem Kokosfett einpinseln. Den Paprika waschen und vierteln, den Strunk und die Kerne entfernen. Die Schoten in ganze dünne Streifen schneiden. Die Peperoni waschen, den Strunk abschneiden, einmal in der Mitte längs teilen, die Kerne entfernen und die Peperoni sehr fein schneiden. Das Bündnerfleisch in Streifen und den Schafkäse in dünne Scheiben schneiden. Den Backofen auf 220 Grad vorheizen.
Den aufgegangenen Pizzateig weitere 2–3 Minuten kräftig kneten, ausrollen und auf das vorbereitete Backblech legen. Den Teig mehrfach mit einer Gabel einstechen, mit einem Küchenhandtuch abdecken und erneut ca. 10 Minuten gehen lassen. Den Teig dünn mit Olivenöl einpinseln und im vorgeheizten Backofen 5 Minuten backen. Das Blech herausnehmen und den Teigboden mit Paprika und Peperoni belegen. Die Oliven und das kleinge-

schnittene Bündnerfleisch darüber verteilen. Mit Kräutern der Provence bestreuen und mit dem kleingeschnittenen Schafkäse belegen.
Die Pizza weitere 15–20 Minuten backen.

Austernpilz-Pizza

FÜR DEN PIZZATEIG:
300 g Weizenvollkornmehl · 10 g Hefe
1 TL Vollmeersalz · 1 EL Olivenöl
150 ml lauwarmes Wasser · 5 g ungehärtetes Kokosfett
FÜR DEN BELAG:
500 g Austernpilze · 150 g geräucherter Lachs
italienischer Kräuterfrischkäse · 1 Eigelb
½ Becher Vollmilchjoghurt · ½ Becher Kräuter-Crème fraîche
1 TL Kräutersalz · 1 EL Majoran

Das Mehl in eine große Schüssel geben. In dem lauwarmen Wasser zuerst die Hefe, anschließend das Salz auflösen. Die Flüssigkeit mit dem Olivenöl und dem Vollkornmehl vermischen. Den Pizzateig ca. 10 Minuten kräftig durchkneten, dann abgedeckt bei Zimmertemperatur 30 Minuten gehen lassen, bis sich das Volumen verdoppelt hat.
Die Austernpilze waschen und in Stücke, den geräucherten Lachs in Streifen schneiden. Das Eigelb mit Joghurt, Crème fraîche, Kräutersalz und Majoran in ein hohes Gefäß geben und mit einem Schneebesen verrühren.
In der Zwischenzeit den Backofen auf 220 Grad vorheizen.
Den gegangenen Hefeteig weitere 2–3 Minuten kneten und auf dem vorbereiteten Backblech ausrollen. Den Pizzateig mehrfach mit einer Gabel einstechen und abgedeckt erneut ca. 10 Minuten

gehen lassen. Den Teig dünn mit Olivenöl einpinseln und im vorgeheizten Backofen 5 Minuten backen.
Das Backblech herausnehmen und die Pizza mit den Austernpilzen belegen. Mit einem Eßlöffel die Joghurt-Crème fraîche-Masse darüberträufeln, die Lachsstreifen und – mit Hilfe von 2 Messern – den italienischen Kräuterfrischkäse auf der Pizza verteilen.
Die belegte Pizza wieder in den Backofen schieben und in 15 bis 20 Minuten fertigbacken.

Brokkoli-Edelpilzkäse-Pizza

Für den Pizzateig:
300 g Dinkelvollkornmehl · 10 g Hefe
1 TL Vollmeersalz · 150 ml lauwarmes Wasser
1 EL Olivenöl · 5 g ungehärtetes Kokosfett
Für den Belag:
1 kg Brokkoli · 3 EL Wasser · 1 EL granulierte Gemüsebrühe
2 EL Mungobohnenkeimlinge (siehe Seite 23)
200 g Edelpilzkäse (60 % F. i. T.)

Das Mehl in eine große Schüssel geben. In dem lauwarmen Wasser die Hefe, anschließend das Salz auflösen und diese Flüssigkeit mit dem Olivenöl und dem Vollkornmehl vermischen. Den Teig 10 Minuten kräftig kneten und abgedeckt bei Zimmertemperatur ca. 30 Minuten gehen lassen, bis sich sein Volumen verdoppelt hat.
In der Zwischenzeit den Brokkoli waschen, in Röschen teilen und die Stiele kleinschneiden. Das Gemüse mit 3 EL Wasser und 1 EL granulierter Gemüsebrühe zum Kochen bringen, dann 3–4 Minuten bei mittlerer Hitze dünsten, von der Herdplatte nehmen und abkühlen lassen.
Ein Backblech mit dem Kokosfett einpinseln.

Den aufgegangenen Hefeteig weitere 2–3 Minuten kräftig kneten und auf dem Backblech ausrollen. Den Teig mehrfach mit einer Gabel einstechen und abgedeckt erneut 10 Minuten gehen lassen. Anschließend dünn einpinseln und im vorgeheizten Backofen bei 200 Grad ca. 5 Minuten backen.
Das Backblech herausnehmen und den Pizzaboden mit dem gedünsteten Brokkoli und den Mungobohnenkeimlingen belegen. Den Edelpilzkäse in dünne Stücke schneiden und über dem Gemüse verteilen. Die Pizza in den Backofen schieben und in 15 bis 20 Minuten fertigbacken.

Paprika-Sauerkraut-Pizza

FÜR DEN PIZZATEIG:
300 g Weizenvollkornmehl · 10 g Hefe
1 TL Vollmeersalz · 150 ml lauwarmes Wasser
1 EL Olivenöl
FÜR DEN BELAG:
250 g Sauerkraut · 750 g roter Paprika
150 g Putenlachsfleisch · 250 g Oliven
200 g Mozzarella-Käse · 1 EL Oregano

Das Mehl in eine große Schüssel geben. Im lauwarmen Wasser die Hefe, anschließend das Salz vollständig auflösen. Die Flüssigkeit zusammen mit dem Olivenöl unter das Vollkornmehl mischen. Den Teig etwa 10 Minuten kräftig kneten und abgedeckt bei Zimmertemperatur ca. 30 Minuten gehen lassen, bis sich sein Volumen verdoppelt hat. In der Zwischenzeit den Paprika waschen, dabei den Strunk und die Kerne entfernen. Die Schoten in feine, dünne Streifen schneiden. Das Sauerkraut mit einer Gabel zerpflücken und mit dem kleingeschnittenen Paprika vermischen.

Das Putenlachsfleisch in Streifen, den Mozzarella in dünne Scheiben schneiden.
Den Backofen auf 220 Grad vorheizen.
Ein Backblech mit 5 g ungehärtetem Kokosfett einpinseln.
Den gegangenen Pizzateig weitere 2–3 Minuten kräftig kneten und auf dem vorbereiteten Backblech ausrollen. Den Teig mehrfach mit einer Gabel einstechen und mit einem Küchentuch abgedeckt ca. 10 Minuten bei Zimmertemperatur gehen lassen. Den Teig dünn mit Olivenöl einpinseln und im vorgeheizten Ofen ca. 5 Minuten backen.
Das Backblech herausnehmen und mit dem Sauerkraut-Paprika-Gemisch belegen. Darüber das kleingeschnittene Putenlachsfleisch sowie die Oliven verteilen. Mit Oregano bestreuen. Abschließend mit dem Mozzarella belegen und die Pizza weitere 15–20 Minuten backen.

Gemüse-Keimling-Pizza

Für den Pizzateig:
300 g Weizenvollkornmehl · 10 g Hefe
1 TL Vollmeersalz · 150 ml lauwarmes Wasser
1 EL Olivenöl
Für den Belag:
250 g Zucchini · 250 g Auberginen · 250 g Mais
250 g rote Paprikaschoten · 250 g Champignons
200 g Azukibohnenkeimlinge (siehe Seite 23) · 1 Zwiebel
1 Knoblauchzehe · 150 g Oliven · 2 EL Pizzagewürz
½ Becher Vollmilchjoghurt · ½ Becher Crème fraîche
200 g Mozzarella-Käse

Das Vollkornmehl in eine große Schüssel geben. In dem lauwarmen Wasser zuerst die Hefe, dann das Salz auflösen und die Flüssigkeit mit dem Olivenöl unter das Mehl mischen. Den Teig 10 Minuten kräftig kneten und abgedeckt bei Zimmertemperatur ca. 30 Minuten gehen lassen, bis sich das Volumen verdoppelt hat.
In der Zwischenzeit das Gemüse waschen, putzen und kleinschneiden. Die Zwiebel in feine Würfel schneiden. Die Knoblauchzehe durch die Knoblauchpresse drücken und zu der Zwiebel geben. Zwiebel und Knoblauch mit 1 EL Wasser in einem Topf glasig dünsten, dann die zerkleinerte Aubergine, Zucchini, den Mais und den Paprika zufügen und 2–3 Minuten mitschmoren. Das Gemüse vom Herd nehmen und abkühlen lassen.
Den Backofen auf 220 Grad vorheizen.
Ein Backblech mit 5 g ungehärtetem Kokosfett einpinseln.
Den gegangenen Hefeteig weitere 2–3 Minuten kräftig kneten und auf dem Backblech ausrollen. Den Teig mehrfach mit einer Gabel einstechen und mit dem Küchentuch abgedeckt erneut ca. 10 Minuten bei Zimmertemperatur gehen lassen. Den Pizzateig dünn mit Olivenöl einpinseln und im vorgeheizten Backofen ca. 5 Minuten backen.
Das Backblech herausnehmen und das angedünstete Gemüse gleichmäßig auf dem Pizzaboden verteilen. Anschließend die Champignonscheiben, die Azukibohnenkeimlinge und die Oliven auf die Pizza legen. Mit Oregano bestreuen und mit dem Mozzarellakäse belegen.
Die Pizza wieder in den Backofen schieben und in 15–20 Minuten fertigbacken.

Süße Hefeteigkuchen

Beim Hefeteig sollten alle Zutaten Zimmertemperatur haben. Deshalb Butter und Eier früh genug aus dem Kühlschrank nehmen!
Das Getreide sollte zu $^{2}/_{3}$ aus Weizen oder Dinkel bestehen und sehr fein gemahlen sein.
Die Hefe in der handwarmen Flüssigkeit vollständig auflösen!
Beim Backen mit Vollkornmehl sind 100 %ige Flüssigkeitsangaben nicht möglich. Je nachdem, ob das Korn in einem feuchten oder extrem trockenen Sommer gereift ist, muß mit der Flüssigkeit bzw. dem Vollkornmehl leicht variiert werden. Deshalb finden Sie in den Rezepten oft Angaben wie z. B. 80–100 ml Flüssigkeit.
Um ein gutes Backergebnis zu erzielen, muß der Hefeteig ca. 10 Minuten von Hand oder 5 Minuten mit der Küchenmaschine geknetet werden.
Der Hefeteig muß grundsätzlich bei Zimmertemperatur, ohne Zugluft gehen, daß heißt, man deckt ihn ab und läßt ihn ca. 30 bis 50 Minuten in Ruhe gehen, bis sich sein Volumen verdoppelt hat. Eine andere Möglichkeit besteht darin, den Hefeteig im Backofen gehen zu lassen. Dazu stellt man nur die Lampe des Backofens an, ohne die Temperatur dazuzuschalten, und läßt so den Hefeteig bei einer konstanten Temperatur von ca. 28 Grad gehen.
Danach wird der aufgegangene Teig kurz durchgeknetet und weiter verarbeitet, z. B. ausgerollt und belegt. Dann läßt man den Hefeteig nochmals abgedeckt bei Zimmertemperatur ca. 30 Minuten gehen.
Damit der Hefeteig beim Backen gut aufgeht und locker wird, ist es empfehlenswert, den Backofen mit einer Tasse Wasser auf 200 Grad vorzuheizen, den Kuchen einzuschieben und die Backtemperatur auf ca. 180 Grad zurückzustellen.

Butterkuchen

Für den Teig:

500 g Weizenvollkornmehl · 190–200 ml Wasser

30 ml Sahne · 30 g Hefe · 60 g Honig · 1 Eigelb

1 Prise Vollmeersalz · 50 g weiche Butter

Für den Belag:

100 g Mandelblättchen · 50 g Butter

50 g Honig · 1 TL Zimt

Das Wasser mit der Sahne mischen und lau erwärmen. Die Hefe vollständig in dieser Flüssigkeit auflösen. Das Vollkornmehl in eine große Schüssel geben, mit Honig, der Prise Salz, der weichen Butter, dem Eigelb und der aufgelösten Hefe vermischen. Anschließend den Teig 10 Minuten mit den Händen oder 5 Minuten mit dem Knethaken der Küchenmaschine kneten. Den Teig abgedeckt bei Zimmertemperatur oder im Backofen bei eingeschalteter Lampe ca. 30–40 Minuten gehen lassen, bis sich sein Volumen verdoppelt hat.

Ein Backblech mit 5 g ungehärtetem Kokosfett einpinseln oder mit Backpapier auslegen.

Den gegangenen Hefeteig kurz kneten, ausrollen und auf das vorbereitete Backblech legen.

In einer großen Pfanne die Butter und den Honig flüssig werden lassen, die Mandelblättchen mit dem Zimt dazugeben und alles miteinander verrühren. Diese Masse auf dem Hefeteig verteilen, mit einem Küchentuch abdecken und erneut ca. 30 Minuten gehen lassen.

In der Zwischenzeit den Backofen auf 200 Grad vorheizen. Den gegangenen Blechkuchen auf die mittlere Schiene einschieben. Den Backofenrost mit einer Tasse Wasser auf die obere Schiene einschieben, die Temperatur auf 180 Grad reduzieren und den Kuchen 20 Minuten backen.

Streuselkuchen

Für den Hefeteig:
500 g Dinkelvollkornmehl · 190–200 ml Wasser
30 ml süße Sahne · 30 g Hefe · 60 g Honig
1 Eigelb · 1 Prise Vollmeersalz · 50 g weiche Butter
Für den Belag:
100 g Butter · 90 g Dinkelvollkornmehl
90 g Kokosflocken · 75 g Vollrohrzucker

Das Wasser mit der Sahne mischen und lau erwärmen. Die Hefe in dieser Flüssigkeit vollständig auflösen. Das Vollkornmehl in einer großen Schüssel mit dem Honig, der weichen Butter, dem Salz, dem Eigelb und der aufgelösten Hefe vermischen. Anschließend den Teig mit den Händen 10 Minuten oder in der Küchenmaschine 5 Minuten kräftig kneten. Abgedeckt bei Zimmertemperatur oder im Backofen bei eingeschalteter Lampe 30–40 Minuten gehen lassen, bis sich das Volumen des Teiges verdoppelt hat.

Ein Blech mit 5 g ungehärtetem Kokosfett einpinseln oder mit Backpapier auslegen. Den gegangenen Hefeteig kurz kneten, ausrollen und das vorbereitete Backblech damit auslegen.

Für die Streusel: die Kokosflocken mit dem Vollkornmehl und dem Rohrzucker in einer Schüssel mischen. Die flüssige, jedoch nicht erhitzte Butter tropfenweise zu dem Mehl-Kokos-Zucker-Gemisch geben und mit einer Gabel zerdrücken, so daß sich Streusel bilden.

Diese am besten mit Hilfe von 2 Gabeln auf dem Hefeblechkuchen verteilen und mit einem Küchentuch abdecken. Den Kuchenteig erneut ca. 30 Minuten bei Zimmertemperatur gehen lassen.

Den Backofen auf 200 Grad vorheizen.

Den gegangenen Streuselkuchen auf die mittlere Schiene des Backofens schieben. Eine Tasse Wasser auf den Backofenrost der oberen Schiene stellen.
Die Temperatur auf 180 Grad reduzieren und den Kuchen ca. 20 Minuten backen.

Marias Rahmkuchen

80–90 ml Wasser · 20 ml süße Sahne
250 g Weizenvollkornmehl · 15 g Hefe · 30 g Honig
1 Eigelb · 1 Prise Vollmeersalz · 25 g weiche Butter
FÜR DEN BELAG:
300 ml Wasser · 100 ml süße Sahne
1 Päckchen Vanillepuddingpulver · 60 g Honig
150 g Quark · 3 Eigelb · 250 g saure Sahne

Das Wasser mit der süßen Sahne mischen und lau erwärmen. Die Hefe vollständig in dieser Flüssigkeit auflösen.
Das Vollkornmehl in einer großen Schüssel mit Honig, Salz, der weichen Butter, dem Eigelb sowie der aufgelösten Hefe vermischen. Anschließend den Teig ca. 10 Minuten mit den Händen oder 5 Minuten in der Küchenmaschine kneten. Den Teig abgedeckt bei Zimmertemperatur oder im Backofen bei eingeschalteter Lampe ca. 30–40 Minuten gehen lassen, bis sich das Volumen verdoppelt hat. In der Zwischenzeit eine Springform mit 5 g ungehärtetem Kokosfett einpinseln.
Für den Kuchenbelag das Wasser mit der süßen Sahne mischen und zwei Drittel der Flüssigkeit mit dem Honig zum Kochen bringen. In der restlichen Flüssigkeit das Puddingpulver auflösen und in die kochende Flüssigkeit einrühren. Den Pudding 1–2 Minuten unter ständigem Rühren kochen. Anschließend im Wasserbad unter Rühren, damit sich keine Haut bildet, abkühlen lassen.

Den gegangenen Hefeteig kurz durchkneten, ausrollen und die vorbereitete Springform damit auslegen, dabei einen ca. 2 cm breiten Rand hochziehen.
In den abgekühlten Vanillepudding den Quark, die 3 Eigelb und die saure Sahne einrühren. Diese Masse auf dem Hefeteig verteilen.
Den Kuchen abgedeckt bei Zimmertemperatur erneut ca. 30 Minuten gehen lassen.
Den Backofen auf 200 Grad vorheizen.
Den gegangenen Rahmkuchen auf die mittlere Backofenschiene schieben. Eine Tasse mit ⅛ l Wasser dazustellen. Die Temperatur auf 180 Grad reduzieren und den Kuchen ca. 50 Minuten backen.

Mohnkranz

Für den Teig:
190–200 ml Wasser · 30 ml süße Sahne
500 g Weizenvollkornmehl · 30 g Hefe · 60 g Honig
1 Eigelb · 1 Prise Vollmeersalz · 50 g weiche Butter
Für die Füllung:
100 ml Wasser · 300 g Mohn · 40 g Butter
150 g Honig · 1 Prise Vollmeersalz · 1 TL Zimt
Zum Bestreichen:
1 Eigelb · 1 EL süße Sahne

Das Wasser mit der Sahne mischen und die Hefe vollständig darin auflösen. Das Mehl in einer großen Schüssel mit Honig, der weichen Butter, Salz und Eigelb vermischen. Die aufgelöste Hefe zufügen und alles miteinander verrühren. Den Teig 10 Minuten mit den Händen oder 5 Minuten in der Küchenmaschine kneten, dann

abgedeckt bei Zimmertemperatur oder im Backofen bei eingeschalteter Lampe 30–40 Minuten gehen lassen, bis sich sein Volumen verdoppelt hat.
Das Backblech mit 5 g ungehärtetem Kokosfett einpinseln oder mit Backpapier auslegen.
Für die Füllung das Wasser erhitzen und mit dem frischgemahlenen Mohn kurz aufkochen. Den Mohn vom Herd nehmen, Butter, Honig, Eigelb, Salz und Zimt einrühren; die Masse etwas abkühlen lassen.
Den gegangenen Hefeteig nochmals kurz durchkneten und fingerdick zu einem Rechteck ausrollen. Die Mohnmasse so darauf verteilen, daß jeweils an den Rändern ein 1 cm breiter Streifen frei bleibt. Die Teigplatte von der längeren Seite her aufrollen und darauf achten, daß die Naht unten ist. Die Rolle zu einem Kranz formen und auf das vorbereitete Backblech setzen, dabei die Ränder fest aneinanderdrücken. Mit einer Küchenschere im Abstand von ca. 4 cm von oben zur Seite hin einschneiden. Den Mohnkranz mit einem Geschirrtuch abdecken und bei Zimmertemperatur erneut ca. 30 Minuten gehen lassen.
Den Backofen auf 200 Grad vorheizen.
Das Eigelb mit der Sahne vermischen und den gegangenen Mohnkranz damit einpinseln. Das Blech mit einer Tasse Wasser auf die mittlere Schiene stellen. Die Temperatur auf 180 Grad reduzieren und den Mohnkranz 45–50 Minuten backen.

Haselnußzopf

Für den Teig:
190–200 ml Wasser · 30 ml süße Sahne
500 g Dinkelvollkornmehl · 30 g Hefe · 60 g Honig · 1 Eigelb
1 Prise Vollmeersalz · 50 g weiche Butter
Für die Füllung:
300 g Haselnüsse · 20 ml süße Sahne · 80 ml Wasser
160 g Honig · 1 Prise Vollmeersalz · 1 Msp Naturvanille

Das Wasser mit der Sahne mischen und lau erwärmen. Die Hefe in dieser Flüssigkeit vollständig auflösen. Das Mehl in einer großen Schüssel mit Honig, Salz, der weichen Butter und dem Eigelb sowie der aufgelösten Hefe vermischen. Anschließend den Teig 10 Minuten mit den Händen oder 5 Minuten in der Küchenmaschine kneten. Bei Zimmertemperatur oder im Backofen bei eingeschalteter Lampe ca. 30 Minuten gehen lassen, bis sich das Volumen verdoppelt hat.

Ein Blech mit 5 g ungehärtetem Kokosfett einpinseln oder mit Backpapier auslegen.

Für die Füllung die Butter mit dem Honig, der Prise Salz und der Vanille bei mittlerer Einstellung erwärmen. Die feingemahlenen Haselnüsse einrühren und die Masse leicht abkühlen lassen.

Den aufgegangenen Hefeteig nochmals kurz durchkneten und fingerdick zu einem Rechteck ausrollen. Die Haselnußmase auf dieser Teigplatte so verstreichen, daß jeweils am Rand ein etwa 1 cm breiter Streifen frei bleibt. Die Teigplatte von der längeren Seite her aufrollen. Die Rolle zu einem Kranz formen und so auf das vorbereitete Backblech setzen, daß die Naht unten ist. Die Enden des Kranzes fest aneinanderdrücken. Den Haselnußkranz mit einem Küchentuch abdecken und erneut ca. 30 Minuten gehen lassen.

Den Backofen auf 200 Grad vorheizen.
Das Eigelb mit der Sahne mischen und den aufgegangenen Haselnußkranz damit bepinseln. Das Blech mit einer Tasse Wasser auf die mittlere Backofenschiene schieben.
Die Temperatur auf 180 Grad zurückstellen und den Kranz 45 bis 50 Minuten backen.

Mandelrosettenkuchen

Für den Teig:
500 g Dinkelvollkornmehl · 30 g Hefe
190–200 ml Wasser · 30 ml süße Sahne · 60 g Honig
1 Eigelb · 1 Prise Vollmeersalz · 50 g Butter
Für den Belag:
100 g ungeschwefelte Rosinen · 3 EL Wasser
80 ml Wasser · 20 ml süße Sahne · 250 g Mandeln
50 g Butter · 100 g Honig · 1 TL Zimt
1 Prise Vollmeersalz
Zum Bestreichen:
1 Eigelb · 1 EL süße Sahne

Die Rosinen ca. 4–6 Stunden in 3 EL Wasser weichen lassen.
Das Wasser mit der süßen Sahne mischen und lau erwärmen. Die Hefe darin vollständig auflösen. Das Weizenvollkornmehl in einer großen Schüssel mit Honig, Butter, Eigelb und Salz sowie der aufgelösten Hefe vermischen. Den Teig anschließend 10 Minuten mit den Händen oder 5 Minuten in der Küchenmaschine kneten, bei Zimmertemperatur oder im Backofen bei eingeschalteter Lampe ca. 30 Minuten gehen lassen, bis sich sein Volumen verdoppelt hat.

Eine Springform mit 5 g ungehärtetem Kokosfett einpinseln.
Die Mandeln fein mahlen.
Die eingeweichten Rosinen auf Küchenpapier leicht abtupfen.
Die Butter mit dem Honig erwärmen, die abgetrockneten Rosinen, die feingemahlenen Mandeln, Zimt und Salz hineingeben und alle Zutaten miteinander vermischen. Die Masse leicht abkühlen lassen.
Den aufgegangenen Teig nochmals kurz durchkneten und fingerdick zu einer rechteckigen Platte ausrollen. Auf dieser Teigplatte die Mandelmasse so verstreichen, daß jeweils am Rand ein 1 cm breiter Streifen frei bleibt. Den Teig von der langen Seite her aufrollen, so daß die Naht unten liegt. Die gefüllte Rolle in ca. 3 cm dikke Scheiben schneiden. Diese Scheiben mit der Schnittfläche nach oben in die eingefettete Springform setzen. Den Mandelrosettenkuchen mit einem Küchentuch abdecken und bei Zimmertemperatur ca. 30 Minuten gehen lassen.
Den Backofen auf 200 Grad vorheizen.
Das Eigelb mit der Sahne vermischen und damit den Kuchen bepinseln. Die Kuchenform mit einer Tasse Wasser auf die mittlere Schiene schieben.
Die Temperatur auf 180 Grad zurückstellen und den Kuchen 45 bis 50 Minuten backen.

Mandelgugelhupf

150 g Mandeln · ⅛ l Wasser

400 g Dinkelvollkornmehl · 40 g Hefe · 160–170 ml Wasser

30 ml süße Sahne · 50 g Honig · 1 Eigelb

100 g weiche Butter · 1 Prise Vollmeersalz

Den ⅛ l Wasser zum Kochen bringen. Die Mandeln darin 3–4 Minuten ziehen lassen. Das Wasser abgießen, die Mandeln enthäuten, halbieren und für die Gugelhupfform für jede Vertiefung eine halbe Mandel zurückbehalten. Die restlichen Mandeln am besten über Nacht trocknen lassen und am nächsten Morgen fein mahlen.

Die Mandeln in einer großen Schüssel mit dem Vollkornmehl mischen. Den Honig, die weiche Butter, das Eigelb und die Prise Salz dazugeben. Das Wasser mit der Sahne mischen, die Hefe darin vollständig auflösen und mit den anderen Zutaten vermischen. Den Teig 10 Minuten mit den Händen oder 5 Minuten in der Küchenmaschine kneten, danach abgedeckt bei Zimmertemperatur oder im Backofen bei eingeschalteter Lampe ca. 30 Minuten gehen lassen, bis sich das Volumen verdoppelt hat.

In der Zwischenzeit die Gugelhupfform mit 5 g ungehärtetem Kokosfett einpinseln. Die Backform mit 1 EL Mehl bestreuen. In jede Vertiefung eine halbe Mandel legen.

Den gegangenen Teig nochmals kurz durchkneten und in die vorbereitete Backform einfüllen, mit einem Küchentuch abdekken und bei Zimmertemperatur erneut ca. 30 Minuten gehen lassen.

Die Kuchenform mit einer Tasse Wasser auf die mittlere Schiene stellen. Die Temperatur auf 180 Grad reduzieren und den Gugelhupf 60–65 Minuten backen.

Bienenstich

Für den Teig:
190–200 ml Wasser · 30 ml süße Sahne
500 g Weizenvollkornmehl · 30 g Hefe · 1 Eigelb
50 g weiche Butter · 60 g Honig
1 Prise Vollmeersalz · 1 Msp Naturvanille
Für den Belag:
250 g Mandelblättchen · 100 g Honig
50 g Butter · 1 Msp Naturvanille
Für die Füllung:
2 Becher süße Sahne · 1 Becher Vollmilchjoghurt
50 g Honig · 1 Msp Naturvanille · 30 ml Wasser
3 TL Agar-Agar

Das Vollkornmehl mit der weichen Butter, dem Honig, der Naturvanille, der Prise Salz und dem Eigelb in einer Schüssel vermischen.

Das Wasser mit der Sahne mischen und leicht erwärmen. Darin die Hefe vollständig auflösen und unter die anderen Zutaten rühren. Den Teig dann 10 Minuten mit den Händen oder 5 Minuten in der Küchenmaschine kneten, abgedeckt bei Zimmertemperatur oder im Backofen bei eingeschalteter Lampe ca. 30 Minuten gehen lassen, bis sich sein Volumen verdoppelt hat.

In der Zwischenzeit eine Springform mit 5 g ungehärtetem Kokosfett einfetten.

Den gegangenen Hefeteig kurz durchkneten und die vorbereitete Springform damit auslegen.

Für den Belag die Butter mit dem Honig und der Naturvanille leicht erwärmen. Die Mandelblättchen daruntermischen. Diese Masse auf dem Hefeteig verstreichen, mit einem Küchentuch ab-

decken und bei Zimmertemperatur ca. 30 Minuten gehen lassen.
Den Backofen auf 200 Grad vorheizen. Die Form mit dem gegangenen Teig mit einer Tasse Wasser auf die mittlere Schiene schieben. Die Temperatur auf 180 Grad zurückstellen und den Kuchen ca. 40 Minuten backen.
Den gebackenen Teig auf einem Kuchengitter vollständig auskühlen lassen. Danach den Kuchen mit einem Messer oder Tortenschneider in der Mitte waagerecht teilen. Die obere Hälfte in einzelne Kuchenstücke schneiden.
Die Sahne steif schlagen. Den Joghurt mit der Naturvanille verrühren und unterheben. Die Masse kalt stellen.
In 30 ml Wasser das Agar-Agar einrühren und kurz aufkochen. Dieses Gemisch leicht abkühlen lassen, dann unter die Sahne-Joghurt-Masse ziehen. Damit den unteren Tortenboden bestreichen. Die einzelnen Tortenstücke daraufsetzen.

Käsekuchen

Für den Teig:
80–90 ml Wasser · 20 ml süße Sahne
250 g Weizenvollkornmehl · 15 g Hefe · 30 g Honig
1 Eigelb · 1 Prise Vollmeersalz · 25 g weiche Butter
Für den Belag:
1 kg Magerquark · 120 g Honig · 3 Eigelb
100 g Vollkorngrieß · 200 ml süße Sahne

Das Vollkornmehl mit dem Eigelb, der weichen Butter, dem Honig und der Prise Salz in einer Schüssel vermischen.
Das Wasser mit der Sahne mischen und leicht erwärmen. Darin die Hefe vollständig auflösen. Die Flüssigkeit unter die anderen

Zutaten rühren. Den Teig 10 Minuten kneten, dann abgedeckt bei Zimmertemperatur oder im Backofen bei eingeschalteter Lampe ca. 30 Minuten gehen lassen, bis sich sein Volumen verdoppelt hat.
In der Zwischenzeit eine Springform von 26 cm Durchmesser mit 5 g ungehärtetem Kokosfett einpinseln.
Den gegangenen Hefeteig nochmals kurz durchkneten, ausrollen und die vorbereitete Springform damit auslegen, dabei einen Rand von ca. 2 cm hochziehen.
Den Backofen auf 180 Grad vorheizen.
Den Vollkorngrieß sehr fein mahlen.
Für den Belag die Sahne steif schlagen. Den Quark mit Honig, Eigelb, Naturvanille und dem gemahlenen Vollkorngrieß in einer Schüssel mit dem Handrührgerät 2–3 Minuten kräftig verquirlen. Die steifgeschlagene Sahne mit einem Lochrührlöffel vorsichtig unterziehen. Die Quarkmasse auf dem Teigboden gleichmäßig verstreichen.
Den Käsekuchen im vorgeheizten Backofen ca. 60 Minuten backen. Unbedingt im Backofen auskühlen lassen! Eventuell den Backofen einen kleinen Spalt breit öffnen.
Wenn Sie den Käsekuchen gleich aus dem warmen Backofen herausnehmen, besteht die Gefahr, daß er zusammenfällt. Aus diesem Grunde backe ich den Käsekuchen meist erst gegen Abend und lasse ihn über Nacht im Backofen auskühlen.

Streuselkuchen mit Pflaumen

Für den Boden:
80–90 ml Wasser · 30 ml süße Sahne
250 g Weizenvollkornmehl · 15 g Hefe · 30 g Honig
1 Eigelb · 1 Prise Vollmeersalz · 25 g weiche Butter
Für den Belag:
500 g ungeschwefelte Backpflaumen
200 ml Wasser · 1 TL Zimt
Für die Streusel:
125 g Butter · 75 g Vollrohrzucker
175 g Dinkelvollkornmehl · 1 Msp Zimt

Am Abend vor dem Backen die Pflaumen entsteinen und in 200 ml Wasser über Nacht im Kühlschrank quellen lassen.
Am nächsten Morgen die Backpflaumen mit dem Einweichwasser und dem Zimt in einem Topf zum Kochen bringen und 3 Minuten bei mittlerer Hitze zu Mus verkochen. Das Pflaumenmus abkühlen lassen.
Das Mehl mit Eigelb, Honig, der weichen Butter und der Prise Salz in eine Schüssel geben. Das Wasser mit der süßen Sahne mischen und leicht erwärmen. Darin die Hefe vollständig auflösen Die lauwarme Flüssigkeit mit den anderen Zutaten vermischen. Den Teig 10 Minuten mit den Händen oder 5 Minuten in der Küchenmaschine kneten. Bei Zimmertemperatur oder im Backofen bei eingeschalteter Lampe ca. 30 Minuten gehen lassen, bis sich das Volumen verdoppelt hat.
In der Zwischenzeit eine Springform von 26 cm Durchmesser mit 5 g ungehärtetem Kokosfett einpinseln.
Den gegangenen Hefeteig nochmals kurz durchkneten, ausrollen und die vorbereitete Springform damit auslegen. Dabei einen ca. 2 cm breiten Rand hochziehen.

Das Pflaumenmus auf dem Hefeteig verteilen und glattstreichen.
Den Backofen auf 200 Grad vorheizen.
Für die Streusel das Vollkornmehl mit Vollrohrzucker und Zimt in einer Schüssel mischen. Die Butter nicht zu stark erwärmen und tropfenweise mit einer Gabel in die Mischung rühren. Die sich bildenden kleinen Klümpchen über dem Pflaumenmus verteilen.
Den Kuchen mit einem Küchentuch abdecken und erneut ca. 30 Minuten bei Zimmertemperatur gehen lassen.
Die Form mit einer Tasse Wasser auf die mittlere Backofenschiene schieben, die Temperatur auf 180 Grad zurückstellen und den Streuselkuchen ca. 45–50 Minuten backen.

Mandelschnecken

FÜR DEN BODEN:
500 g Weizenvollkornmehl · 50 g Butter
20 g Hefe · 200–220 ml Wasser · 50 g flüssige süße Sahne
50 g Honig · 1 Eigelb · 1 Prise Vollmeersalz
FÜR DIE FÜLLUNG:
80 ml Wasser · 20 ml süße Sahne · 150 g Honig
1 Prise Vollmeersalz · 1 TL Zimt
250 g gemahlene Haselnüsse · 1 Eigelb
1 EL süße Sahne · 5 g ungehärtetes Kokosfett

Das Vollkornmehl in eine große Schüssel geben.
Das Wasser mit der Sahne mischen, leicht erwärmen und die Flüssigkeit teilen. In der einen Hälfte die Hefe, in der anderen Hälfte das Salz auflösen, den Honig und das Eigelb darunterrühren. Beide Flüssigkeiten mit dem Mehl vermischen. Zum Schluß die weiche Butter zugeben und den Teig ca. 10 Minuten kräftig kneten.
Abgedeckt bei Zimmertemperatur ca. 30 Minuten gehen lassen.
Danach den Teig nochmals kräftig durchkneten und zu einer großen, rechteckigen Platte ausrollen.
In der Zwischenzeit die Füllung vorbereiten. Das Wasser mit der Sahne, dem Honig und der Butter leicht erwärmen, Salz, Zimt und die gemahlenen Haselnüsse zufügen und alles miteinander vermischen. Die Masse ca. 10 Minuten abkühlen lassen.
Das Backblech mit Backpapier auslegen oder mit Kokosfett einpinseln.
Die abgekühlte Haselnußmasse auf die Teigplatte streichen. Den bestrichenen Teig von der schmalen Seite her aufrollen, in 2–3 cm

breite Scheiben schneiden und mit der Schnittfläche nach oben – mit genügend Abstand – auf das vorbereitete Backblech legen. In einer Tasse das Eigelb mit dem EL Sahne verquirlen und die Haselnußschnecken damit bepinseln.
Den Backofen mit einer Tasse Wasser auf 180 Grad vorheizen. Die Mandelschnecken im vorgeheizten Backofen ca. 20 Minuten backen.

Amerikaner

100 g Butter · 100 g Honig · 2 Eigelb · 2 EL Quark
1 Prise Vollmeersalz · 2–3 EL Wasser · 1 EL süße Sahne
1 Päckchen Vanillepuddingpulver
200 g Weizenvollkornmehl · 3 TL Weinsteinbackpulver

ZUM BESTREICHEN:

2 EL Wasser · 1 EL süße Sahne

Die Butter mit dem Honig schaumig rühren.
Die beiden Eigelbe, den Quark und die Prise Salz zufügen. Das Wasser mit der Sahne mischen, darin das Puddingpulver anrühren, ebenfalls zugeben. Das mit dem Backpulver gemischte Vollkornmehl unterrühren. Eventuell mit Flüssigkeit oder etwas Mehl den Teig korrigieren, so daß er fest genug ist.
Den Backofen auf 180 Grad vorheizen.
Ein Blech mit 5 g ungehärtetem Kokosfett einpinseln oder mit Backpapier belegen. Mit Hilfe von 2 Eßlöffeln Teigportionen auf das vorbereitete Backblech setzen.
Die Amerikaner im vorgeheizten Backofen ca. 10 Minuten backen.
In der Zwischenzeit die beiden EL Wasser mit der flüssigen Sahne verquirlen und damit die Amerikaner bestreichen, danach weitere 15 Minuten backen.

Nußschnitten

Für den Teigboden:

500 g Weizenvollkornmehl · 100 g Butter
200 g Quark · 1 Prise Salz · 6–7 EL Wasser · 100 g Honig

Für den Belag:

50 g ganze Haselnüsse · 50 g ganze Mandeln
100 g ganze Walnüsse · 50 g Cashewkerne · 100 g Kürbiskerne
100 g Sonnenblumenkerne · 50 g gemahlene Haselnüsse
50 g gemahlene Mandeln · 100 g Honig · 75 g Butter

Für den Mürbeteigboden müssen alle Zutaten kalt sein. Deshalb empfehle ich, wenn das Mehl frisch gemahlen wurde, es zum Auskühlen für 1 Stunde in den Kühlschrank zu stellen.
Das gekühlte Mehl in eine große Schüssel oder auf die Arbeitsfläche schütten. Die gekühlte Butter in feine Stückchen schneiden und mit Quark, Honig, Salz und dem kalten Wasser zum Mehl geben. Mit Hilfe von zwei Teigkarten alle Zutaten miteinander mischen. Anschließend den Teig kurz mit möglichst kalten Händen kneten, dann ca. 30 Minuten im Kühlschrank ruhen lassen.
Ein Backblech mit 5 g ungehärtetem Kokosfett einpinseln und kalt stellen.
Den Mürbeteig nach der Ruhezeit auf dem Backblech ausrollen und den Teigboden mehrfach mit einer Gabel einstechen.
Die ganzen Haselnüsse sowie die Mandeln, die Walnüsse und die Cashewkerne grob hacken. Die Sonnenblumenkerne und die Kürbiskerne ganz lassen.
In einer Pfanne die Butter mit dem Honig schmelzen, die grob gehackten Nüsse, die Sonnenblumen- und Kürbiskerne sowie die feingemahlenen Mandeln und Haselnüsse dazugeben und alles miteinander vermischen. Die Masse etwas abkühlen lassen und

auf dem Mürbeteigboden verteilen. Mit einer Teigkarte leicht andrücken.
Den Backofen auf 180 Grad vorheizen.
Den Nußteig im vorgeheizten Backofen ca. 20 Minuten backen. Nach dem Abkühlen die Teigplatte in ca. 8 cm breite und 5 cm lange Stücke schneiden.

Studentenschnitten

FÜR DEN BODEN:
500 g Weizenvollkornmehl · 100 g Butter · 200 g Quark
100 g Honig · 6–7 EL Wasser · 1 Prise Vollmeersalz
FÜR DEN BELAG:
100 g ungeschwefelte Rosinen · 100 g Haselnußkerne
100 g Mandeln · 100 g Walnußkerne
50 g feingemahlene Haselnüsse · 50 g feingemahlene Mandeln

Für den Mürbeteigboden müssen alle Zutaten kalt sein. Aus diesem Grunde empfehle ich, wenn das Mehl frisch gemahlen wurde, es erst für 1 Stunde in den Kühlschrank zu stellen, damit es abkühlen kann.
Das gekühlte Vollkornmehl in eine große Schüssel oder auf ein Backbrett schütten. Die Butter in kleine Stückchen schneiden und mit Quark, Honig, Salz und dem kalten Wasser zum Mehl geben. Alles mit Hilfe von zwei Teigkarten miteinander vermischen. Danach den Teig kurz mit kalten Händen kneten und für ca. 30 Minuten zum Ruhen in den Kühlschrank stellen.
In der Zwischenzeit ein Backblech mit ca. 5 g ungehärtetem Kokosfett einpinseln und kalt stellen.
Den Teig nach der Ruhezeit auf dem Backblech ausrollen und den Teigboden mehrfach mit einer Gabel einstechen.

Die ganzen Mandeln, Haselnüsse und Walnüsse grob hacken.
Die Butter mit dem Honig schmelzen, die grob gehackten sowie die feingemahlenen Nüsse und Rosinen zugeben, alles gut miteinander vermischen.
Die Masse kurz abkühlen lassen, auf dem Teigboden verteilen, mit Hilfe einer Teigkarte verstreichen und leicht andrücken.
Den Backofen auf 180 Grad vorheizen. Den Kuchen im vorgeheizten Backofen ca. 20 Minuten backen.
Nach dem Abkühlen in ca. 5 cm breite und 8 cm lange Schnittchen zerteilen.

Mehlspeisen

Dampfnudeln mit Vanillesauce

Für die Dampfnudeln:
500 g Weizenvollkornmehl · 60 g Butter
20 g Hefe · 1 EL Honig · 1 Eigelb
1 Prise Vollmeersalz · 300 ml Buttermilch
Für die Form:
300 ml Wasser · 10 g Butter · 1 Prise Salz
Für die Vanillesauce:
350 ml Wasser · 150 ml süße Sahne
1 Päckchen Vanillesauce · 30 g Honig

Das Vollkornmehl in eine Schüssel häufen. Die Buttermilch leicht erwärmen und in der einen Hälfte die Hefe, in der anderen Hälfte den Honig vollständig auflösen. Die Butter, das Eigelb und die Prise Salz ebenso wie die aufgelöste Hefe und den Honig unter das Mehl mischen. Den Teig ca. 10 Minuten kräftig mit den Händen kneten – in der Küchenmaschine reichen 5 Minuten. Anschließend bei Zimmertemperatur ca. 20 Minuten gehen lassen. Den Teig nochmals kräftig kneten und zu Dampfnudeln formen. Diese mit einem Küchentuch abdecken und erneut 20 Minuten gehen lassen.

In der Zwischenzeit die Vanillesauce herstellen. Das Wasser mit der Sahne mischen und die Hälfte davon mit dem Honig zum Kochen bringen. Inzwischen das Saucenpulver mit der anderen Hälfte verquirlen, in die kochende Flüssigkeit rühren und kurz aufkochen.

Auf der Herdplatte 300 ml Wasser am besten in einer großen, unbeschichteten Bratpfanne (mit Glasdeckel) mit der Prise Salz und der Butter erhitzen, die Dampfnudeln hineinsetzen. Mit dem Glasdeckel abdecken, auf halber Stufe ca. 20–25 Minuten garen.

Während des Garens auf keinen Fall den Deckel heben! Nach Beendigung des Garvorgangs den Deckel rasch abnehmen, so daß die Kondensflüssigkeit nicht auf den Inhalt tropft.

Die Dampfnudeln auf Teller verteilen und mit der noch warmen Vanillesauce übergießen.

Germknödel

Für den Teig:
500 g Weizenvollkornmehl · 20 g Hefe
150–200 ml Wasser · 50 ml süße Sahne · 50 g Honig
1 Eigelb · 50 g Butter · 1 Msp Naturvanille
Für die Füllung:
200 g entsteinte Trockenpflaumen, ungeschwefelt
4 EL Wasser · ½ TL Zimt
Für die Form:
⅛ l Wasser · 1 Prise Salz
Zum Bestreuen:
100 g Mohn · 25 g Vollrohrzucker

Die entsteinten Backpflaumen mit 4 EL Wasser ca. 12 Stunden einweichen. Mit dem Einweichwasser und dem Zimt erhitzen und bei mittlerer Herdstufe ca. 5 Minuten zu Mus kochen.
Das Mehl in eine große Schüssel geben.
Das Wasser mit der Sahne mischen und lau erwärmen. Die Flüssigkeit teilen und in der einen Hälfte die Hefe, in der anderen Hälfte den Honig vollständig auflösen. Butter, Eigelb, Naturvanille, die aufgelöste Hefe sowie den gelösten Honig mit dem Vollkornmehl vermischen. Den Hefeteig 10 Minuten kräftig mit den Händen oder 5 Minuten in der Küchenmaschine kneten. Abgedeckt bei Zimmertemperatur ca. 30 Minuten gehen lassen. Danach den Teig noch einmal kräftig durchkneten und zu einer Rolle formen. Diese Rolle in ca. 10 cm dicke Scheiben schneiden. Jeweils mit der Hand auseinanderdrücken, in die Mitte einen halben EL Pflaumenmus geben, den Teig zusammendrücken und zu Knödeln formen. Diese abgedeckt erneut ca. 20 Minuten bei Zimmertemperatur gehen lassen.

In einer großen Bratpfanne (mit Glasdeckel) das Wasser mit der Prise Salz zum Kochen bringen und die Knödel hineinsetzen. Mit dem Glasdeckel abdecken und auf mittlerer Herdstufe ca. 20–25 Minuten garen. Während der Garzeit auf keinen Fall den Deckel heben! Nach Beendigung des Garens den Deckel rasch abnehmen, so daß die angesammelte Kondensflüssigkeit nicht auf die Knödel tropft.
Die gegarten Germknödel herausnehmen und auf vorgewärmte Teller setzen. Den Mohn mit dem gesiebten Vollrohrzucker vermischen und über die Germknödel streuen.

Waffeln

Bei der Zubereitung von Waffeln unbedingt die Ruhezeit einhalten, da das Vollkornmehl Zeit zum Quellen benötigt.
Das Waffeleisen erhitzen und nur vor dem ersten Abbacken mit etwas ungehärtetem Kokosfett einpinseln; weiteres Einfetten ist nicht erforderlich.

Mandelwaffeln

250 g Dinkelvollkornmehl

50 g feingemahlene Mandeln · 1 TL Weinsteinbackpulver

100 g weiche Butter · 1 Prise Vollmeersalz

2 Eigelb · 100 ml Wasser · 100 ml süße Sahne · 100 g Honig

Das Vollkornmehl mit den gemahlenen Mandeln und dem Backpulver mischen und in eine Schüssel geben. Die Butter mit Salz, den beiden Eigelben, dem Wasser, der Sahne und dem Honig zu-

fügen und alles mit einem Handrührgerät ca. 3 Minuten kräftig verquirlen. Den Teig dann abgedeckt bei Zimmertemperatur ca. 30 Minuten ausquellen lassen.
Das Waffeleisen erhitzen und nur vor dem ersten Backen mit etwas ungehärtetem Kokosfett einpinseln.
Den Teig portionsweise abbacken.

Kokoswaffeln

250 g Weizenvollkornmehl · 50 g Kokosflocken

1 TL Weinsteinbackpulver · 100 g weiche Butter

1 Prise Vollmeersalz · 2 Eigelb · 100 ml Wasser

100 ml süße Sahne · 100 g Honig

ZUM BESTREUEN:

50 g Kokosflocken

Das Mehl mit dem Backpulver und den Kokosflocken mischen. Die Prise Salz, die Butter, die Sahne, das Wasser, den Honig sowie die beiden Eigelbe dazugeben und alles mit einem Handrührgerät ca. 2–3 Minuten verquirlen. Den Teig dann bei Zimmertemperatur ca. 30 Minuten quellen lassen.
Das Waffeleisen erhitzen und nur vor dem ersten Backen mit etwas ungehärtetem Kokosfett einpinseln.
Den Teig dann portionsweise abbacken.
Die gebackenen Kokoswaffeln mit Kokosflocken bestreuen.

Rührkuchen

Bei dieser Teigart sollten alle Zutaten Zimmertemperatur haben. Deshalb ist es wichtig, Butter und Eier rechtzeitig aus dem Kühlschrank zu nehmen. Ebenso sollten z. B. geröstete Nüsse abgekühlt und nicht zu warm oder gar heiß verwendet werden.
Vor dem Backen alle Zutaten abgewogen bereitstellen. Das Vollkornmehl mit dem Backpulver mischen und durchsieben, eventuell zurückbleibende Kleie wieder zum gesiebten Mehl geben.
Beim Rührkuchen ist es wichtig, zuerst die Butter schaumig zu rühren und dann langsam den Honig unterzurühren. Ein Eigelb soll nach dem anderen eingerührt werden. Die Butter-Honig-Eigelb-Masse muß so lange schaumig geschlagen werden, bis die Masse cremig-weißlich ist. Dabei ist die Hilfe eines Handrührgerätes oder einer Küchenmaschine ideal.
Die anderen Zutaten, wie Vollkornmehl mit Backpulver und Gewürzen sollen dann mit einem Kochlöffel vorsichtig untergehoben werden; hier also nicht mehr kräftig rühren!
Wie beim Backen mit allen Vollkornmehlen muß mit der Flüssigkeitsmenge eventuell variiert werden.
Der Teig soll leicht vom Kochlöffel rutschen.
Die Backform mit ungehärtetem Kokosfett einpinseln und mit einem EL Vollkornmehl ausstreuen, damit sich der Kuchen nach dem Backen leichter aus der Form löst.

Marmorkuchen

200 g Butter · 100 g Honig · 2 Eigelb
2 EL steifgeschlagene süße Sahne · 400 g Weizenvollkornmehl
4 TL Weinsteinbackpulver · 1 Prise Vollmeersalz
1 Msp Naturvanille
120–150 ml kohlensäurehaltiges Mineralwasser
50 ml flüssige süße Sahne · 50 g ungeschwefelter Kakao
25 g Honig · 1 EL flüssige süße Sahne
5 g ungehärtetes Kokosfett · 1 EL Weizenvollkornmehl

Eine Springform mit Marmorkucheneinsatz mit ungehärtetem Kokosfett einpinseln und mit 1 EL Mehl ausstreuen.
Das Vollkornmehl mit dem Backpulver mischen und durchsieben. Eventuell zurückbleibende Kleie wieder zugeben.
Den Backofen auf 180 Grad vorheizen.
Die weiche Butter schaumig rühren, nach und nach den Honig einrühren. Danach die Eigelbe einzeln unterrühren, bis eine weißlich-cremige Masse entstanden ist. Dann die steifgeschlagene Sahne unterheben. Das mit dem Backpulver vermischte Mehl, die Naturvanille und das Salz mit einem Rührlöffel einarbeiten, ebenso die 50 ml flüssige Sahne und das Mineralwasser.
Etwa ein Drittel des Teiges in die Form füllen und mit dem Rükken eines Löffels glattstreichen.
In den restlichen Teig den Kakao, den Honig sowie den EL Sahne rühren und über den hellen Kuchenteig verteilen. Mit Hilfe einer Gabel spiralenartig durch den gesamten Teig ziehen, damit die Marmorierung zustande kommt.
Den Kuchen im vorgeheizten Backofen ca. 60 Minuten backen.

Garprobe: Mit einem Holzstäbchen in die Mitte des Kuchenteiges stechen. Bleiben beim Herausziehen keine Teigreste kleben, so ist der Marmorkuchen durchgebacken.

Den Kuchen auf einem Gitterrost abkühlen lassen und erst nach ca. 5–10 Minuten aus der Form stürzen.

Haselnußkuchen

300 g weiche Butter · 200 g Honig · 1 Prise Vollmeersalz
2 Eigelb · 2 EL steifgeschlagene süße Sahne
250 g Weizenvollkornmehl · 2 TL Weinsteinbackpulver
200 g geriebene Haselnüsse · 100–120 ml Mineralwasser
30 ml flüssige süße Sahne · 1 EL gemahlene Haselnüsse

Eine Kastenform mit 5 g ungehärtetem Kokosfett einpinseln und mit 1 EL gemahlenen Haselnüssen ausstreuen.
In einer beschichteten Pfanne die feingemahlenen Haselnüsse unter ständigem Rühren rösten. Die Nüsse auf einem Teller auskühlen lassen.
Das Vollkornmehl mit dem Backpulver mischen und durchsieben. Die eventuell zurückbleibende Kleie wieder zum gesiebten Mehl geben.
Den Backofen auf 180 Grad vorheizen.
Die weiche Butter mit dem Handrührgerät schaumig rühren und unter ständigem Schlagen nach und nach den Honig, anschließend einzeln die Eigelbe zufügen. So lange kräftig verquirlen, bis die Masse weißlich-cremig ist. Die beiden EL steifgeschlagene Sahne darunterziehen.
Die abgekühlten Haselnüsse abwechselnd mit dem Mehl-Backpulver-Gemisch mit Hilfe eines Rührlöffels vorsichtig unterheben. Die flüssige Sahne sowie das Mineralwasser einarbeiten.
Den Kuchenteig in die vorbereitete Kastenform füllen und im vorgeheizten Backofen ca. 60 Minuten backen.

Garprobe: Mit einem Holzstäbchen in die Mitte des Kuchenteiges stechen. Bleiben beim Herausziehen keine Teigreste mehr kleben, so ist der Kuchen durchgebacken. Diesen auf einem Gitterrost abkühlen lassen und erst nach 5–10 Minuten aus der Form stürzen.

Gewürzkuchen

200 g weiche Butter · 100 g Honig · 2 Eigelb

2 EL steifgeschlagene süße Sahne · 300 g Weizenvollkornmehl

100 g gemahlene Mandeln · 4 TL Weinsteinbackpulver

120–150 ml kohlensäurehaltiges Mineralwasser

30 ml süße Sahne · 1 TL geriebene Muskatnuß

1 TL gemahlene Nelken · 2 TL Zimt

1 TL Kardamom · ½ TL Anis

Eine Kastenform mit 5 g ungehärtetem Kokosfett einpinseln und mit 1 EL feingemahlenem Mehl ausstreuen.
Das Mehl mit dem Backpulver mischen und durchsieben. Eventuell zurückbleibende Kleie wieder zufügen, ebenso die feingemahlenen Mandeln sowie alle Gewürze.
Den Backofen auf 200 Grad vorheizen.
Die weiche Butter schaumig rühren, nach und nach den Honig zufügen und weiterrühren, danach die Eigelbe nacheinander unterrühren. Die beiden EL steifgeschlagene Sahne darunterheben.
Das Mehl-Backpulver-Mandel-Gemisch nach und nach mit einem Rührlöffel einarbeiten. Zuletzt die flüssige Sahne und das Mineralwasser unterrühren.
Den Teig in die vorbereitete Kuchenform geben und im vorgeheizten Backofen ca. 1 Stunde backen.

Garprobe: Mit einem Holzstäbchen in die Mitte des Kuchenteiges stechen. Bleiben beim Herausziehen keine Teigreste mehr kleben, so ist der Kuchen durchgebacken. Den Kuchen auf einem Gitterrost abkühlen lassen und erst nach 5–10 Minuten aus der Form stürzen.

Martinas Kuchen

Für den Teig:
200 g Butter · 100 g Honig · 2 Eigelb
2 EL steifgeschlagene süße Sahne
400 g Dinkelvollkornmehl · 4 TL Weinsteinbackpulver
1 Prise Vollmeersalz · 10 g ungeschwefeltes Kakaopulver
120–150 ml Mineralwasser · 50 ml süße Sahne
Für die Füllung:
125 g Butter · 125 g Honig · 2 Eigelb
50 ml süße Sahne · 1 Msp Naturvanille
500 g Magerquark · 1 Päckchen Vanillepuddingpulver

Eine Springform mit 5 g ungehärtetem Kokosfett einpinseln und mit 1 EL feingemahlenem Mehl ausstreuen.
Das Backpulver mit dem Vollkornmehl mischen und durchsieben. Eventuell zurückbleibende Kleie wieder zum Mehl geben. Das Kakaopulver und das Salz zufügen.
Den Backofen auf 180 Grad vorheizen.
Die weiche Butter in der Küchenmaschine oder mit dem Handmixer schaumig rühren. Nach und nach den Honig und anschließend einzeln die Eigelbe unterrühren. So lange schlagen, bis eine weißlich-cremige Masse entstanden ist. Die 2 EL steifgeschlagene Sahne unterheben. Nach und nach das Mehl mit dem Backpulver vermischen, die Prise Salz und das Kakaopulver einarbeiten. Zuletzt die flüssige Sahne und das Mineralwasser in den Teig rühren.
Drei Viertel des Teiges in die eingefettete Springform füllen.

Für die Füllung die weiche Butter mit dem Honig, den Eigelb, der Naturvanille, dem Magerquark, dem Vanillepuddingpulver und der flüssigen Sahne mit dem Handrührgerät kräftig verquirlen.
Diese Füllung dann auf dem Teigboden gleichmäßig verstreichen.
Den restlichen Rührteig mit einem Löffel portionsweise so über der Füllung verteilen, daß die Quarkfüllung teilweise noch zu sehen ist.
Den Kuchen im vorgeheizten Backofen 55–60 Minuten backen.
Danach erst 5–10 Minuten auf einem Gitterrost abkühlen lassen.
Ein Messer zwischen Kuchen- und Springformrand entlangziehen und erst dann den Springformrand lösen.

Dattelkuchen

200 g Butter · 50 g Honig · 1 Prise Vollmeersalz
2 Eigelb · 2 EL steifgeschlagene süße Sahne
350 g Weizenvollkornmehl · 4 EL Weinsteinbackpulver
200 g getrocknete, ungeschwefelte Datteln
30 ml süße Sahne · 120–150 ml Mineralwasser

Eine Kastenkuchenform mit 5 g ungehärtetem Kokosfett einpinseln.
Das Vollkornmehl mit dem Backpulver mischen und durchsieben. Eventuell zurückbleibende Kleie wieder zum Mehl geben.
Die Datteln entsteinen und kleinschneiden.
Den Backofen auf 180 Grad vorheizen.
Die Butter mit Hilfe eines Handrührgerätes schaumig rühren.
Nach und nach den Honig, dann die beiden Eigelbe einzeln unter ständigem Rühren einarbeiten. So lange rühren, bis eine weißlich-cremige Masse entstanden ist. Die beiden EL steifgeschlagene Sahne unter die Masse ziehen. Mit einem Rührlöffel das Mehl-

Backpulver-Gemisch, die kleingeschnittenen Datteln und die Prise Salz unterrühren. Die flüssige Sahne und das Mineralwasser in den Teig einarbeiten.
Den Teig in die vorbereitete Kastenform füllen und den Kuchen im vorgeheizten Backofen ca. 45 Minuten backen.

Garprobe: Mit einem Holzstäbchen in die Mitte des Kuchenteiges stechen. Bleiben beim Herausziehen keine Teigreste mehr kleben, so ist der Kuchen durchgebacken. Den Dattelkuchen erst 5–8 Minuten auf einem Gitterrost abkühlen lassen, dann aus der Kuchenform stürzen.

Königskuchen

100 g Rosinen, ungeschwefelt
100 g getrocknete Aprikosen · 6 EL Wasser
200 g Butter · 50 g Honig · 2 Eigelb
2 EL steifgeschlagene süße Sahne · 100 g Mandeln
300 g Weizenvollkornmehl · 100 g Maismehl
3 TL Weinsteinbackpulver · 1 Prise Vollmeersalz
30 ml süße Sahne · 120–150 ml Mineralwasser

Die Rosinen über Nacht mit 3 EL Wasser einweichen, ebenso die in kleine Stücke geschnittenen Aprikosen. Beides im Kühlschrank stehenlassen.
Die Mandeln mit kochendem Wasser übergießen, nach 2–3 Minuten abschütten, schälen und über Nacht trocknen lassen. Am nächsten Morgen die Mandeln fein mahlen.
Eine Kastenform mit 5 g ungehärtetem Kokosfett einpinseln und mit 1 EL Mehl bestreuen. Das Maismehl mit dem Vollkornmehl, den gemahlenen Mandeln und dem Backpulver mischen.
Den Backofen auf 180 Grad vorheizen.

In einer Schüssel die weiche Butter schaumig rühren. Unter ständigem Rühren zuerst den Honig, dann die beiden Eigelbe einzeln zufügen. Die steifgeschlagene Sahne unterheben. Die eingeweichten, abgetropften Rosinen und Aprikosenstückchen sowie das Mandel-Mehl-Backpulver-Gemisch und die Prise Salz in die Masse einarbeiten. Die flüssige Sahne und das Mineralwasser zuletzt unterrühren.
Den Teig in die vorbereitete Kastenform füllen und im vorgeheizten Backofen ca. 60 Minuten backen.

Garprobe: Mit einem Holzstäbchen in die Mitte des Kuchenteiges einstechen. Bleibt beim Herausziehen kein Teig kleben, so ist der Kuchen duchgebacken.
Den fertigen Kuchen auf einem Gitterrost abkühlen lassen und erst nach 5–10 Minuten aus der Form stürzen.

Mandelkuchen

250 g Mandeln · 200 g Dinkelvollkornmehl
3 TL Weinsteinbackpulver · 200 g Butter
100 g Honig · 3 Eigelb · 2 EL steifgeschlagene süße Sahne
1 Prise Vollmeersalz · 120–150 ml Mineralwasser
30 ml süße Sahne

Die Mandeln für 2–3 Minuten überbrühen und anschließend schälen. Am besten über Nacht trocknen lassen.
Eine Kastenform mit 5 g ungehärtetem Kokosfett einpinseln und mit 1 EL Vollkornmehl bestreuen.
Das Dinkelmehl mit dem Backpulver mischen und durchsieben. Eventuell zurückbleibende Kleie mit der Prise Salz wieder zum Mehl geben.

Die Mandeln fein mahlen und zufügen.
Den Backofen auf 180 Grad vorheizen.
Die weiche Butter in einer Schüssel mit dem Handrührgerät schaumig rühren. Nach und nach unter ständigem Rühren den Honig zugeben und anschließend einzeln die Eigelbe. Die Masse muß so lange gerührt werden, bis sie weißlich-cremig ist.
Mit einem Kochlöffel das Gemisch aus Vollkornmehl, Mandeln, Backpulver und Salz eßlöffelweise in die Masse einarbeiten. Die flüssige Sahne und das Mineralwasser zuletzt unterrühren.
Den Teig in die vorbereitete Kuchenform füllen und im vorgeheizten Backofen ca. 60 Minuten backen.

Garprobe: Mit Hilfe eines Holzstäbchens in die Mitte des Kuchenteiges stechen. Bleibt beim Herausziehen kein Teig am Stäbchen haften, so ist der Mandelkuchen durchgebacken.
Den fertigen Kuchen auf einem Gitterrost abkühlen lassen und erst nach ca. 5–10 Minuten aus der Form stürzen.

Ananaskuchen

200 g getrocknete Ananas · 100 ml Wasser
200 g Butter · 100 g Honig · 2 Eigelb
2 EL steifgeschlagene süße Sahne · 1 Prise Vollmeersalz
400 g Weizenvollkornmehl · 3 TL Weinsteinbackpulver
30 ml süße Sahne · 120–150 ml Mineralwasser
ZUM GARNIEREN:
1 Becher süße Sahne · 2 ML Biobin · 2 EL Kokosflocken

Die getrockneten Ananasscheiben mit 100 ml Wasser über Nacht einweichen. Am nächsten Tag zum Abtropfen auf Küchenkrepp legen.

Eine Springform mit 5 g ungehärtetem Kokosfett einpinseln und mit einem EL Vollkornmehl ausstreuen.
Das Vollkornmehl mit dem Backpulver mischen und durchsieben. Eventuell zurückbleibende Kleie wieder zum Mehl geben.
Die weiche Butter mit Hilfe eines Handrührgerätes oder einer Küchenmaschine schaumig rühren. Nach und nach unter ständigem Rühren den Honig und die Eigelbe einzeln zufügen. So lange rühren, bis eine weißlich-cremige Masse entstanden ist. Die beiden EL steifgeschlagene Sahne unterheben. Das mit Backpulver und Salz gemischte Mehl eßlöffelweise mit einem Rührlöffel unter die Masse ziehen. Die flüssige Sahne und das Mineralwasser einarbeiten.
Die abgetropften Ananasscheiben in die vorbereitete Springform legen und den Rührkuchenteig darüber verteilen. Den Kuchen im vorgeheizten Backofen ca. 60 Minuten backen.

Garprobe: Mit Hilfe eines Holzstäbchens in die Mitte des Kuchenteiges stechen. Wenn beim Herausziehen kein Teig mehr hängen bleibt, ist der Kuchen durchgebacken.
Den Ananaskuchen auf einem Gitterrost abkühlen lassen.
Mit einem Messer zwischen Kuchen- und Springformrand entlangfahren und erst dann den Rand lösen.

Für die Garnierung den Becher Sahne mit 2 ML Biobin steif schlagen, diese Masse über dem ausgekühlten Kuchen verteilen und glattstreichen. Mit Hilfe eines Kuchengitters die Stücke markieren. Anschließend mit den Kokosflocken bestreuen.

Mürbeteig

Damit der Mürbeteig gelingt, ist es unbedingt erforderlich, daß alle Zutaten gekühlt sind. Die Butter sollte eiskalt in kleine Stückchen geschnitten werden, so daß sie sich auch gut verarbeiten läßt. Das Mehl wie auch eventuell geröstete Nüsse dürfen nur ausgekühlt verwendet werden. Es hilft, die Zutaten 1 Stunde vorher in den Kühlschrank zu stellen.

Zuerst kommt immer das gekühlte Mehl auf die Arbeitsfläche bzw. in die Schüssel. Verarbeiten Sie zuerst die Zutaten mit Hilfe von zwei Teigkarten, anschließend kneten Sie den Teig **kurz** mit möglichst kalten Händen durch. Sie können auch alle Zutaten in der Küchenmaschine mit Hilfe des Knethakens verarbeiten. Aber auch hier empfiehlt es sich, den Teig noch einmal **kurz** mit beiden Händen durchzukneten. Anschließend den Teig ausrollen, die Backform damit auslegen bzw. Kekse ausstechen und auf das entsprechend vorbereitete Backblech setzen, dann für ca. 30 Minuten kalt stellen.

Da der Mürbeteig recht fetthaltig ist, braucht man die Kuchenform nicht einzufetten.

Bei Kuchen aus Mürbeteig empfiehlt es sich, den Teigboden mehrfach mit der Gabel einzustechen, damit er keine Blasen bildet.

Der Mürbeteig sollte einen Tag vor dem Verzehr zubereitet werden, damit er sein ganzes Aroma entfalten kann.

Linzer Torte

Für den Belag:
350 g Trockenpflaumen, ungeschwefelt
150 ml Wasser · 1 TL Zimt
Für den Teig:
150 g Weizenvollkornmehl · 100 g Haselnüsse
125 g Butter · 50 g Honig · 1 Prise Vollmeersalz
1 Eigelb · 1 EL Quark · 1–2 EL Wasser
Zum Bestreichen:
1 EL süße Sahne

Die getrockneten, entsteinten Backpflaumen in 150 ml Wasser über Nacht einweichen. Am nächsten Tag aus den Backpflaumen mitsamt dem Einweichwasser und dem Zimt Pflaumenmus kochen. Dazu das Ganze zum Kochen bringen, die Herdplatte dann auf halbe Stufe stellen und alles zusammen 8 Minuten köcheln. Das Mus abkühlen lassen.

Das kalte Mehl auf die Arbeitsfläche schütten. Die Butter in kleine Stückchen schneiden und über dem Mehl verteilen. Den Honig, die Prise Salz, das Eigelb und das Wasser mit Hilfe von zwei Teigkarten vermischen. Anschließend den Teig **kurz** mit beiden Händen durchkneten.

Den Teig ausrollen und mit ²/₃ davon eine Springform auslegen, dabei einen 2 cm breiten Rand hochziehen. Da der Mürbeteig viel Fett enthält, ist es nicht erforderlich, die Backform zu fetten. Den Teigboden mehrfach mit einer Gabel einstechen. Das erkaltete Pflaumenmus darauf verteilen.

Den restlichen Teig ausrollen und mit einer Plätzchenform Herzen ausstechen. Diese dekorativ auf das Pflaumenmus setzen und mit der flüssigen Sahne einpinseln.

Den Kuchen für ca. 30 Minuten in den Kühlschrank stellen.

Den Backofen auf 180 Grad vorheizen.
Nach der Ruhezeit den Kuchen im vorgeheizten Backofen ca. 60 Minuten backen.
Die Linzer Torte auf einem Gitterrost auskühlen lassen.

Marillenkuchen

FÜR DEN BELAG:
250 g ungeschwefelte getrocknete Aprikosen
100 ml Wasser · 100 g blättrige Mandeln
FÜR DEN TEIG:
250 g Dinkelvollkornmehl · 125 g Butter
100 g Honig · 1 Prise Vollmeersalz · 1 Eigelb
1 EL Quark · 3 EL Wasser

Die getrockneten Aprikosen über Nacht in dem Wasser im Kühlschrank einweichen. Am nächsten Tag mit dem Einweichwasser aufkochen, anschließend auf halber Stufe ca. 5 Minuten köcheln lassen.
Das Vollkornmehl auf die Arbeitsfläche schütten, darüber die in kleine Stückchen geschnittene Butter verteilen. Den Honig, das Eigelb, den Quark sowie die Flüssigkeit zufügen und mit Hilfe von zwei Teigkarten alle Zutaten miteinander vermischen. Anschließend den Teig **kurz** mit den Händen durchkneten, ausrollen und eine Springform damit auslegen, dabei einen gleichmäßigen Rand von ca. 2 cm hochziehen. Den Kuchenboden mehrfach mit einer Kuchengabel einstechen. Für ca. 30 Minuten in den Kühlschrank stellen.
In der Zwischenzeit die Mandelblättchen in einer beschichteten Pfanne ohne Fett rösten und abkühlen lassen.

Nach der Ruhezeit das Aprikosenmus gleichmäßig auf dem Teigboden verteilen und die leicht gerösteten Mandelblättchen darüberstreuen.
Den Backofen auf 180 Grad vorheizen.
Den Marillenkuchen im vorgeheizten Backofen ca. 60 Minuten backen.

Schweizer Nußtorte

Für den Teig:
250 g Weizenvollkornmehl · 125 g Butter
100 g Honig · 1 Eigelb · 1 EL Quark · 3 EL Wasser
Für den Belag:
100 g Honig · 250 g Walnüsse · 200 g süße Sahne
Zum Bestreichen:
1 EL süße Sahne

Das Mehl auf die Arbeitsfläche schütten. Die Butter in kleinen Flöckchen darauf verteilen, das Eigelb, den Quark, das Wasser sowie den Honig dazugeben und alles mit Hilfe von zwei Teigkarten vermischen. Den Teig mit beiden Händen **kurz** durchkneten, ausrollen und mit ²/₃ davon eine Springform auslegen, dabei einen Rand von ca. 2 cm hochziehen. Den Teigboden mehrfach mit einer Gabel einstechen, damit sich keine Blasen bilden.
Aus dem restlichen Teig ca. 1½ cm breite Streifen zum späteren Belegen des Kuchens vorbereiten. Den gesamten Kuchenteig nun für ca. 30 Minuten in den Kühlschrank stellen.
In der Zwischenzeit den Belag zubereiten: Die Walnüsse in ein Küchentuch geben, dieses zur Hälfte zudecken und mit einem Nudelholz mehrfach darüberrollen, so daß die Nüsse grob zerkleinert werden.

Den Honig in einem Topf bei mittlerer Hitze flüssig werden lassen, die Walnüsse zufügen und beides miteinander vermischen. Anschließend die Sahne einrühren und alles ca. 3 Minuten kochen. Die Masse leicht abkühlen lassen, dann gleichmäßig auf dem Mürbeteigboden verteilen. Die Teigstreifen gitterartig über den Kuchenbelag legen und mit süßer Sahne bestreichen.
Den Backofen auf 220 Grad vorheizen.
Den Kuchen nach der Ruhezeit im vorgeheizten Backofen ca. 40 bis 45 Minuten backen.

Käsekuchen

FÜR DEN TEIG:
250 g Weizenvollkornmehl · 125 g Butter · 100 g Honig
1 Prise Vollmeersalz · 3 EL Wasser
FÜR DIE FÜLLUNG:
1 kg Schichtkäse · 200 ml süße Sahne · 150 g Honig
3 Eigelb · 100 g Vollkorngrieß

Das Mehl auf die Arbeitsfläche schütten. In die Mitte eine Mulde drücken. Die Butter in kleine Stückchen schneiden und über dem Mehl verteilen. Den Honig, das Salz und das Wasser in die Mulde geben und die Zutaten mit Hilfe von zwei Teigkarten miteinander vermischen. Anschließend den Teig nochmals **kurz** mit beiden Händen verkneten, ausrollen und eine Springform damit auslegen, dabei einen Rand von ca. 2 cm hochziehen. Den Kuchenboden mehrfach mit einer Gabel einstechen und für ca. 30 Minuten in den Kühlschrank stellen.
Den Backofen auf 160 Grad vorheizen.
Den Grieß sehr fein mahlen. Den Becher Sahne steif schlagen und in den Kühlschrank stellen.

Den Quark in einer Schüssel mit Honig, den Eigelb und dem sehr feingemahlenen Vollkorngrieß mit Hilfe eines Handrührgerätes vermischen. Die geschlagene Sahne mit einem Lochrührlöffel oder einem Schneebesen unterziehen und die Quarkmasse auf dem Kuchenteig verteilen.
Den Käsekuchen im vorgeheizten Backofen ca. 80–85 Minuten backen. Unbedingt im Ofen auskühlen lassen. Dabei eventuell den Backofen einen kleinen Spalt breit öffnen. Wenn Sie den Kuchen gleich aus dem warmen Backofen herausnehmen, besteht die Gefahr, daß er zusammenfällt. Deshalb backe ich Käsekuchen meist am frühen Abend und lasse ihn über Nacht im Backofen auskühlen.

Dattelkuchen

FÜR DEN TEIG:
250 g Weizenvollkornmehl · 125 g Butter
100 g Honig · 1 Prise Vollmeersalz · 1 Eigelb
1 EL Quark · 3–4 EL Wasser
FÜR DEN BELAG:
350 g Datteln · 1/8 l Wasser · 1 Prise Naturvanille
150 g Weizenvollkornflocken · 25 g Butter

Die Datteln entsteinen und kleinschneiden. Mit dem Wasser und der Prise Vanille zum Kochen bringen und ca. 4 Minuten bei mittlerer Hitze köcheln, dann das Dattelmus abkühlen lassen.
Das Vollkornmehl auf die Arbeitsfläche schütten. In die Mitte eine Mulde drücken und den Honig, den Quark, das Eigelb, die Prise Salz und das Wasser in die Mitte geben. Die Butter in Flöckchen schneiden und darüber verteilen. Mit Hilfe von zwei Teigkarten alle Zutaten miteinander vermischen. Den Teig anschlie-

ßend mit den Händen **kurz** durchkneten und ausrollen. Eine Springform damit auslegen und dabei einen Rand von ca. 2 cm hochziehen. Den Teigboden mehrfach mit einer Gabel einstechen und für 30 Minuten in den Kühlschrank stellen.
Danach die abgekühlte Dattelmasse auf den Teigboden streichen. Den Honig bei mittlerer Hitze in einem Topf erwärmen, die Butter sowie die Weizenflocken hinzufügen und alles miteinander vermischen. Diese Masse mit einer Gabel dünn auf dem Dattelmus verteilen.
Den Kuchen im vorgeheizten Backofen bei 180 Grad ca. 60 Minuten backen.

Heidelbeerkuchen

FÜR DEN KUCHENTEIG:
125 g Butter · 250 g Dinkelvollkornmehl · 100 g Honig
1 Eigelb · 1 EL Quark · 2–3 EL Wasser
FÜR DEN BELAG:
2 Becher Vollmilchjoghurt
2 Becher süße Sahne · 3 TL Agar-Agar · 30 ml Wasser
100 g Honig · 500 g Heidelbeeren

Das Mehl auf die Arbeitsfläche häufen und in die Mitte eine Vertiefung drücken. In diese Mulde das Eigelb, den Quark, die Prise Salz und 2–3 EL Wasser geben. Die kalte Butter in ganz dünne Stückchen schneiden und darüber verteilen. Mit Hilfe von zwei Teigkarten alle Zutaten miteinander vermischen. Mit den Händen den Teig **kurz** durchkneten, ausrollen und eine Obstkuchenform damit auslegen, dabei einen Rand von ca. 2 cm hochziehen.

Den Teigboden mehrfach mit einer Gabel einstechen und für 30 Minuten in den Kühlschrank stellen.
Den Backofen auf 180 Grad vorheizen.
Nach der Ruhezeit den Kuchenboden mit Pergamentpapier belegen und mit getrockneten Hülsenfrüchten (Erbsen, Linsen oder Bohnen) füllen. Die Hülsenfrüchte können immer wieder zum »Blindbacken« verwendet werden, deshalb gesondert aufbewahren.
Den Obstkuchenboden im vorgeheizten Backofen 15–20 Minuten backen.
Den ausgekühlten Teigboden auf eine Kuchenplatte geben, einen Tortenring herumlegen. Den Joghurt mit dem Honig verrühren. Die Sahne steif schlagen und unter den Joghurt ziehen. Die Masse kalt stellen. Das mit Wasser verrührte Agar-Agar zum Kochen bringen und leicht abgekühlt unter die Sahne-Joghurt-Masse heben. Eine Spritztülle mit gut 3 EL der Masse füllen und in den Kühlschrank legen.
Die Heidelbeeren unter die Joghurt-Sahne-Masse ziehen, auf dem ausgekühlten Tortenboden gleichmäßig verteilen und glattstreichen. Die Kuchenstücke mit einem Kucheneinteiler markieren. Mit der Joghurt-Sahne-Masse in der Spritztülle auf jedes Kuchenstück einen Sahnetupfer setzen. Bis zum Gebrauch kühl aufbewahren.

Apfelkuchen

Für den Teig:

125 g Butter · 250 Weizenvollkornmehl · 100 g Honig

1 Eigelb · 1 EL Quark · 2–3 EL Wasser

Für den Belag:

300 g getrocknete Äpfel · 150 ml Wasser

1 Msp Naturvanille · 200 g Doppelrahmfrischkäse

1 Becher Vollmilchjoghurt · 50 g gehackte Haselnüsse

Zum Bestreichen:

1 EL süße Sahne

Die getrockneten Äpfel mit 150 ml Wasser über Nacht einweichen und im Kühlschrank aufbewahren.

Am nächsten Tag die gequollenen Äpfel mit dem Einweichwasser und der Naturvanille zum Kochen bringen. Das Obst von der Herdstelle nehmen und abkühlen lassen.

Das Vollkornmehl auf die Arbeitsfläche häufen. In die Mitte eine Mulde drücken. Da hinein das Eigelb, den Quark, das Wasser und den Honig geben. Die kalte Butter in Flöckchen darüber verteilen. Mit Hilfe von zwei Teigkarten alle Zutaten miteinander vermischen und den Teig anschließend mit den Händen **kurz** kneten, ausrollen und mit ²/₃ davon eine Springform auslegen, dabei einen Rand von 2 cm hochziehen. Den Teigboden mehrfach mit einer Gabel einstechen und 30 Minuten im Kühlschrank ruhen lassen. Den restlichen Teig in ca. 1½ cm breite Streifen schneiden und ebenfalls kalt stellen.

Den Backofen auf 180 Grad vorheizen.

Den Doppelrahmfrischkäse mit dem Vollmilchjoghurt per Handrührgerät verquirlen. Diese Masse gleichmäßig auf dem gekühlten Mürbeteigboden verstreichen. Die Äpfel darüber verteilen und mit den grob gehobelten Haselnußkernen bestreuen. Die ge-

kühlten Teigstreifen gitterartig darauflegen und mit flüssiger Sahne bepinseln.
Den Apfelkuchen im vorgeheizten Backofen ca. 60 Minuten backen.

Weihnachtsgebäck zur Kohlenhydratmahlzeit

Quarkstollen

500 g Dinkelvollkornmehl · 250 g Magerquark
40 g Hefe · 110–120 ml lauwarmes Wasser · 30 ml süße Sahne
120 g Mandeln, fein gemahlen · 100 g ungeschwefelte Rosinen
100 g ungeschwefelte Korinthen · 3 EL Wasser
200 g weiche Butter · 120 g Honig · 2 Eigelb
1 TL Naturvanille, gemahlen · ½ TL gemahlener Zimt
½ TL gemahlene Nelken · ½ TL Kardamom
½ TL Muskatnuß · 1 Prise Vollmeersalz
ZUM BESTREICHEN:
10 g flüssige Butter

Die Korinthen und Rosinen mit 3 EL Wasser einweichen und über Nacht ziehen lassen.
Das Vollkornmehl mit dem Quark, den feingemahlenen Mandeln, der Butter, dem Honig, den beiden Eigelb und den Gewürzen, einschließlich der eingeweichten Rosinen und Korinthen sowie dem eventuell vorhandenem Einweichwasser in eine große Schüssel geben. Die Sahne mit dem Wasser mischen, erwärmen und die Hefe darin vollständig auflösen. Diese Flüssigkeit zufü-

gen und den Teig 10 Minuten kräftig mit den Händen oder 5 Minuten in der Küchenmaschine kneten. Ca. 60 Minuten zugedeckt bei Zimmertemperatur gehen lassen, bis sich das Volumen verdoppelt hat. Den Teig weitere 2–3 Minuten kräftig durchkneten und zu einem Stollen formen.
Diesen auf ein eingefettetes oder mit Backpapier belegtes Blech setzen und abgedeckt bei Zimmertemperatur nochmals ca. 30 Minuten gehen lassen.
In der Zwischenzeit den Backofen mit einer Tasse Wasser auf 220 Grad vorheizen.
Den gegangenen Stollen bei dieser Temperatur ca. 40 Minuten backen.
Die Temperatur auf 180 Grad zurückstellen und weitere 20 Minuten backen. Den Stollen sofort nach dem Backen mit der Butter bepinseln. Den ausgekühlten Quarkstollen in Alufolie wickeln und etwa 2 Wochen durchziehen lassen.

Mandelstollen

500 g Weizenvollkornmehl · 30 g frische Hefe
150–160 ml Wasser · 30 ml süße Sahne · 1 Eigelb
125 g weiche Butter · 75 g Honig · 200 g grobgehackte Mandeln
½ TL Zimtpulver · ½ TL Nelkenpulver · ¼ TL Kardamom
ZUR GARNIERUNG:
10 ganze, geschälte Mandeln · 10 g flüssige Butter

Die Mandeln in ein Küchentuch geben und abdecken, mit der Teigrolle mehrfach darüberrollen, so daß sie grob zerkleinert werden.
Diese Mandeln mit Mehl, Eigelb, Quark, der weichen Butter, Honig und den Gewürzen in eine Schüssel geben.

Das Wasser mit der Sahne vermischen, leicht erwärmen, darin die Hefe vollständig auflösen, diese Flüssigkeit unter das Mehl und die übrigen Zutaten mischen. Den Teig 10 Minuten kräftig mit den Händen oder 5 Minuten in der Küchenmaschine kneten, dann abgedeckt bei Zimmertemperatur ca. 60 Minuten gehen lassen, bis sich das Volumen verdoppelt hat.
Den Teig anschließend erneut 2–3 Minuten kräftig kneten und zu einem Stollen formen.
Diesen auf ein mit Kokosfett eingepinseltes Backblech setzen und abgedeckt ca. 30 weitere Minuten gehen lassen.
Die ganzen Mandeln in kochendes Wasser legen, nach 3 Minuten abgießen und schälen. Die Mandeln dabei gleich halbieren. Die Mandelhälften auf dem Stollen verteilen und etwas in den Teig eindrücken. In der Zwischenzeit den Backofen mit einer Tasse Wasser auf 220 Grad vorheizen. Den Stollen bei dieser Temperatur ca. 40 Minuten backen.
Danach die Temperatur auf 180 Grad zurückstellen und den Mandelstollen weitere 20 Minuten backen.
Den noch warmen Stollen mit der Butter bepinseln.

Buttergebäck

100 g Mandeln · 300 g Weizenvollkornmehl
½ TL Naturvanille · 2 Eigelb
150 g Honig · 170 g kalte Butter
Zum Bestreichen:
2 EL süße flüssige Sahne
Zum Bestreuen:
Pistazien · Haselnußkerne · Walnußhälften

Am Vorabend die Mandeln überbrühen, schälen und trocknen lassen. Am nächsten Tag die Mandeln fein mahlen.
Das Vollkornmehl auf die Arbeitsfläche häufen, feingemahlene Mandeln und die Naturvanille darüberstreuen. Eine Mulde in das Mehl drücken, Eigelb, Honig, die in Flöckchen geschnittene kalte Butter dazugeben und mit Hilfe von zwei Teigkarten alles miteinander vermischen. Den Teig anschließend kurz mit beiden Händen durchkneten und für ca. 60 Minuten zum Ruhen in den Kühlschrank stellen. Ein Blech mit Backpapier auslegen oder mit 5 g ungehärtetem Kokosfett einpinseln. Den Teig ausrollen und mit beliebigen Formen ausstechen. Die ausgestochenen Kekse auf das vorbereitete Backblech setzen, mit Sahne bepinseln und zur Verzierung mit Nüssen bestreuen.
Den Backofen auf 190 Grad vorheizen.
Die Butterkekse im vorgeheizten Ofen ca. 8–10 Minuten backen. Auf einem Gitterrost vollständig auskühlen lassen.
Am schönsten sind kleine Kekse. Verwenden Sie einmal Ausstechformen eines Kinderbacksets! Diese finden Sie im Kaufhaus oder Haushaltswarengeschäft.

Sahnebrezeln

175 g Butter · 150 g Honig · 100 g saure Sahne

250 g Dinkelvollkornmehl · 1 TL Weinsteinbackpulver

1 Msp Naturvanille · 1 Prise Vollmeersalz

Zum Bestreuen:

1–2 EL Kokosflocken · 5 g ungehärtetes Kokosfett

Das Vollkornmehl mit dem Backpulver, der Vanille und dem Salz mischen. Den Honig, die saure Sahne und die weiche Butter zufügen und mit dem Knethaken der Küchenmaschine oder einem Handrührgerät gut miteinander vermischen. Den Teig abgedeckt im Kühlschrank eine Stunde ruhen lassen.

In der Zwischenzeit ein Blech mit Backpapier auslegen oder mit 5 g ungehärtetem Kokosfett einpinseln.

Den gekühlten Teig mit bemehlten Händen zu einer dünnen Rolle formen, diese in ca. 10 cm lange Stücke schneiden und auf dem vorbereiteten Backblech zu Brezeln formen. Diese mit Sahne einpinseln und mit Kokosflocken bestreuen. Im vorgeheizten Backofen bei ca. 170 Grad 10–12 Minuten backen.

Die Sahnebrezeln auf einem Gitterrost vollständig auskühlen lassen.

Vanillekipferl

150 g Mandeln · 150 g Buchweizen · 150 g Weizen

120 g Honig · 2 TL Naturvanille · 170 g kalte Butter

Am Vorabend die Mandeln überbrühen, schälen und über Nacht trocknen lassen. Am nächsten Tag die Mandeln, den Buchweizen und den Weizen fein mahlen. Die beiden Mehlsorten und

die Mandeln mischen, Honig, Naturvanille sowie die in Flöckchen geschnittene kalte Butter zufügen und mit Hilfe von zwei Teigkarten alles miteinander vermischen. Danach den Teig mit beiden Händen kurz kneten und abgedeckt eine Stunde im Kühlschrank ruhen lassen.
In der Zwischenzeit ein Blech mit Backpapier auslegen oder mit 5 g ungehärtetem Kokosfett einpinseln.
Aus dem gekühlten Teig Kipferl, also kleine Hörnchen, formen und auf das vorbereitete Backblech setzen.
Die Kipferl im vorgeheizten Backofen bei ca. 190 Grad in 15 bis 20 Minuten auf der mittleren Schiene backen.
Die Vanillekipferl auf einem Kuchenrost vollständig auskühlen lassen.

Kokoskränze

100 g Weizen · 50 g Hirse · 50 g Kokosflocken
50 g Magerquark · 1 EL süße Sahne · 1 Eigelb
50 g weiche Butter · 60 g Honig · 1 Prise Vollmeersalz
Zum Bestreuen:
2 EL Kokosflocken

Die Hirse und den Weizen fein mahlen.
Die Butter mit dem Honig und der Prise Salz in einer Schüssel schaumig rühren. Anschließend das Eigelb, die Sahne und den Magerquark hinzufügen und ebenfalls cremig rühren. Mit einem Lochrührlöffel die Kokosflocken, das feingemahlene Hirse- und Weizenmehl unterheben. Diesen Teig eine Stunde abgedeckt im Kühlschrank ruhen lassen.
In der Zwischenzeit ein Blech mit Backpapier auslegen oder mit 5 g ungehärtetem Kokosfett einpinseln.

Den gekühlten Teig in eine Gebäckspritze füllen und damit kleine Kränze auf das Backblech setzen. Die Ringe mit Kokosflocken bestreuen und im vorgeheizten Backofen bei 200 Grad 8–10 Minuten backen. Die Kokosringe auf einem Kuchengitter auskühlen lassen.

Florentiner

75 g Dinkelvollkornmehl · 100 g Butter

100 g Honig · 100 g getrocknete, ungeschwefelte Aprikosen

50 g Korinthen · 200 g Mandelblättchen · ⅛ l Sahne

Die Aprikosen und Korinthen ganz klein schneiden. Die Butter mit dem Honig unter Rühren in einem Topf schmelzen. Mit der Sahne ablöschen und alle weiteren Zutaten, also kleingeschnittene Aprikosen, Korinthen, Mandelblättchen sowie das Mehl zugeben und unter Rühren miteinander verbinden, bis sich ein Kloß bildet.
Den Backofen auf 160 Grad vorheizen.
Ein Blech mit Backpapier belegen, dieses mit Öl fein einpinseln.
Mit Hilfe von zwei Kaffeelöffeln kleine Plätzchen auf das Backpapier setzen.
Die Florentiner im vorgeheizten Backofen ca. 15 Minuten backen, dann auf dem Backblech völlig auskühlen lassen.

Friesisches Teegebäck

250 g Weizenvollkornmehl

1 TL Weinsteinbackpulver · 100 g Honig

4–5 EL Wasser · 100 g kalte Butter

Zum Bestreuen:

1 EL süße Sahne · 1 Eigelb · 50 g Haselnußstückchen

Das Mehl mit dem Backpulver mischen und auf die Arbeitsfläche häufen, in die Mitte eine Mulde drücken. Die kalte Butter in Flöckchen schneiden und in die Mulde geben, ebenso den Honig und das Wasser. Mit Hilfe von zwei Teigkarten alle Zutaten miteinander vermischen. Anschließend den Teig mit den Händen rasch durchkneten und zu einer ca. 3 cm dicken Rolle formen. Diese für 1 Stunde in den Kühlschrank legen.
In der Zwischenzeit ein Blech mit 5 g ungehärtetem Kokosfett einpinseln oder mit Backpapier auslegen.
Den Backofen auf 175 Grad vorheizen.
Die Teigrolle in ca. ½–1 cm dicke Scheiben schneiden, diese auf das Backblech legen. Das Eigelb mit dem EL Sahne mischen und damit die Kekse bepinseln. Mit den Haselnußstückchen bestreuen und im vorgeheizten Backofen ca. 5–6 Minuten backen.
Die Kekse auf einem Kuchengitter vollständig auskühlen lassen.

Dinkelplätzchen

200 g Dinkelflocken · 150 g Butter · 100 g Honig
1 Eigelb · 1 EL Quark · 1 TL Naturvanille
100 g Dinkelvollkornmehl · 1 TL Weinsteinbackpulver

Die Dinkelflocken in einer beschichteten Pfanne unter Rühren rösten, in der Pfanne vollständig auskühlen lassen. Die Butter mit dem Honig schaumig rühren, das Eigelb und den EL Quark darunterrühren. Das Dinkelmehl mit den Vollkornflocken zur Schaummasse geben und alles miteinander verrühren. Anschließend den Teig nochmals mit den Händen durchkneten und ca. 5 Minuten im Kühlschrank ruhen lassen.
Den Backofen auf 180 Grad vorheizen.
Ein Blech mit Kokosfett einpinseln oder mit Backpapier auslegen. Den Teig zu kleinen Kugeln formen, diese auf das Backblech setzen und im vorgeheizten Backofen ca. 10–12 Minuten goldbraun backen.
Die Dinkelplätzchen auf einem Gitterrost vollständig auskühlen lassen.

Spritzgebäck

100 g Butter · 75 g Honig · 1 Prise Vollmeersalz
1 Eigelb · 1 EL Quark · 75 g feingemahlene Mandeln
180 g Weizenvollkornmehl

Die weiche Butter mit dem Honig schaumig rühren. Den EL Quark mit dem Eigelb unterrühren, die feingemahlenen Mandeln und das Vollkornmehl zufügen und alles gut miteinander vermischen.

Mit feuchten Händen den Teig kräftig durchkneten, anschließend ca. 30 Minuten im Kühlschrank ruhen lassen.
Ein Blech mit 5 g ungehärtetem Kokosfett einpinseln oder mit Backpapier belegen.
Den Teig in eine Spritztülle füllen und damit im Abstand von ca. 3 cm auf das Backblech S-Formen, Stangen oder Kränze spritzen.
Das gesamte Backblech mit den Keksen erneut für ca. 60 Minuten in den Kühlschrank stellen.
Den Backofen auf 220 Grad vorheizen.
Die Kekse im vorgeheizten Backofen ca. 10 Minuten backen, anschließend auf einem Kuchenrost auskühlen lassen.

Tips für die Aufbewahrung von Plätzchen:

Die Plätzchen auf einem Kuchenrost immer gut auskühlen lassen.
Plätzchen, die weich werden sollen, wie z. B. Zimtsterne, 2–3 Tage an der Luft stehenlassen und erst dann in Dosen einfüllen, den Deckel dabei nicht ganz schließen.
Plätzchen, die knusprig sein sollen, wie z. B. Butterplätzchen, nach dem Auskühlen in gut schließenden Dosen aufbewahren.
Die Plätzchen lagenweise durch Pergamentpapier trennen, jedoch darauf achten, daß jede Sorte einzeln in einer Dose aufbewahrt wird.

Eiweißrezepte

Biskuitkuchen zur Eiweißmahlzeit

Alle Biskuitkuchen gehören in der Trennkost zur Eiweißmahlzeit.
Zuerst alle Zutaten abgewogen bereitstellen! Vollsojamehl muß vor der Verwendung unbedingt durchgesiebt werden.
Es empfiehlt sich, das Backblech oder die -form mit Backpapier bzw. Pergamentpapier auszulegen. Dieses sollte dann mit ungehärtetem Kokosfett dünn eingepinselt werden. Um ein gutes Backergebnis zu erreichen, darf der Ofen nicht zu früh geöffnet werden – am besten erst 1–2 Minuten vor der zuerst angegebenen Zeit.
Biskuitrollen bzw. -kuchen sollten nicht sofort verzehrt werden. Sie schmecken am besten, wenn man sie mindestens 5–6 Stunden im Kühlschrank durchziehen läßt.

Erdbeerbiskuitrolle

FÜR DEN TEIG:
5 Eigelb · 10 EL lauwarmes Wasser · 100 g Honig
5 Eiweiß · 200 g Vollsojamehl
FÜR DIE FÜLLUNG:
200 ml süße Sahne · 200 g Magerquark
6 ML Biobin · 500 g Erdbeeren

Ein Blech mit Backpapier auslegen und dünn mit Kokosfett einpinseln. Das Sojamehl durchsieben und beiseite stellen.
Den Backofen auf 190 Grad vorheizen.
Zuerst das Eiweiß steif schlagen: Beim Umdrehen der Schüssel darf der Eischnee nicht aus der Schüssel rutschen. Die Schüssel mit dem Eischnee in den Kühlschrank stellen.
Danach umgehend mit dem Handrührgerät das Eigelb mit dem lauwarmen Wasser in einer sehr großen Schüssel schaumig schlagen und unter ständigem Rühren den Honig nach und nach zufügen. Es muß so lange gerührt werden, bis die Masse weißlich-cremig ist.
Dann abwechselnd das steifgeschlagene Eiweiß und das Sojamehl über die Eigelbmasse schichten. Mit einem Lochrührlöffel oder einem Schneebesen alles vorsichtig unterheben.
Die Biskuitmasse auf das vorbereitete Backblech gießen und glattstreichen. Im vorgeheizten Backofen ca. 10–15 Minuten backen. Auf keinen Fall während der ersten 8–9 Minuten den Backofen öffnen, sonst besteht die Gefahr, daß der Biskuit zusammenfällt.
Garprobe: Mit dem Finger auf den Biskuitboden tippen; verschwindet die Delle sofort wieder, so ist der Biskuit gar.
Ein trockenes Küchentuch auf die Arbeitsfläche breiten. Ein zweites Geschirrtuch naß machen und auswringen, so daß es feucht ist. Den Biskuit direkt aus dem Backofen auf das **trockene** Handtuch stürzen. Das feuchte Tuch 1–2 Minuten auf das Backpapier legen.
Dann das Papier abziehen. Den Biskuit von der Längsseite her mit dem trockenen Tuch aufrollen und darin auskühlen lassen.
Die Erdbeeren waschen, eventuell vorhandene Stiele abziehen und das Obst abtropfen lassen.
8–10 ganze Erdbeeren beiseite legen. Die restlichen Erdbeeren in Stücke schneiden.
In der Zwischenzeit die Sahne steif schlagen. Den Quark mit dem Handrührgerät gut aufrühren, 6 ML Biobin einrühren. Mit einem Kochlöffel die steifgeschlagene Sahne unterheben.

Ein Drittel der Quark-Sahne-Masse zur Garnierung in den Kühlschrank stellen.
Für die Füllung die kleingeschnittenen Erdbeeren unter die Quark-Sahne-Masse ziehen.
Nach dem Auskühlen die Biskuitrolle vorsichtig auseinanderrollen und gleichmäßig mit der Quark-Sahne-Erdbeer-Masse bestreichen. Den Biskuit mit der Füllung wieder aufrollen. Die restliche Quark-Sahne-Masse außen auf der Biskuitrolle verstreichen.
Mit den ganzen Erdbeeren garnieren.

Mohnrolle

Für den Teig:
5 Eigelb · 10 EL lauwarmes Wasser · 100 g Honig
5 Eiweiß · 100 g Vollsojamehl · 100 g Mohn
Für die Füllung:
500 g Vollmilchjoghurt · 40 g Honig
200 ml süße Sahne · 3 KL Agar-Agar · 50 ml Wasser

Ein Backblech mit Backpapier auslegen und ganz dünn mit einem Kokosfettpinsel einstreichen.
Das Sojamehl durchsieben und zur Seite stellen.
Den Backofen auf 190 Grad vorheizen.
Zuerst den Mohn in der Getreide- oder Kaffeemühle fein mahlen.
Das Eiweiß steif schlagen. Beim Umdrehen der Schüssel darf der Eischnee nicht herausrutschen. Die Schüssel mit dem Eischnee in den Kühlschrank stellen. Danach das Eigelb mit dem lauwarmen Wasser in einer großen Schüssel per Handrührgerät schaumig schlagen, unter ständigem Rühren den Honig nach und nach zu-

fügen. Es muß so lange gerührt werden, bis die Masse weißlich-cremig ist. Dann abwechselnd das steifgeschlagene Eiweiß mit dem Sojamehl und dem feingemahlenen Mohn über die Eigelbmasse schichten. Mit einem Lochrührlöffel oder einem Schneebesen alles vorsichtig unterheben.

Die Biskuitmasse auf das vorbereitete Backblech gießen und die Masse glattstreichen. Im vorgeheizten Ofen 10–15 Minuten bakken. Während der ersten 8–9 Minuten auf keinen Fall den Backofen öffnen, sonst besteht die Gefahr, daß der Biskuit zusammenfällt!

Garprobe: Mit dem Finger auf den Biskuitboden tippen; verschwindet die Delle sofort wieder, so ist der Biskuit gar.

Ein trockenes Geschirrtuch auf die Arbeitsfläche ausbreiten. Ein zweites Küchentuch naß machen und auswringen. Den Biskuit direkt aus dem Backofen auf das trockene Tuch stürzen. Das feuchte Handtuch 1–2 Minuten ausgebreitet auf das Backpapier legen, dann das Papier abziehen.

Den Biskuit von der Längsseite her mit dem trockenen Tuch einrollen und darin auskühlen lassen.

Die gekühlte Sahne steif schlagen. Vollmilchjoghurt und Honig mit dem Handrührgerät aufschlagen und die steifgeschlagene Sahne mit einem Lochrührlöffel vorsichtig unterheben. Die Masse in den Kühlschrank stellen.

Das Wasser mit dem Agar-Agar in einem Topf kalt anrühren und zum Kochen bringen. Leicht abkühlen lassen und unter die Joghurt-Sahne-Masse rühren.

Ca. 5–6 EL der Masse in eine Spritztülle füllen und diese in den Kühlschrank legen.

Die vollständig ausgekühlte Biskuitrolle vorsichtig auseinanderrollen und mit ²⁄₃ der übrigen Joghurt-Sahne-Masse gleichmäßig bestreichen. Den Biskuit mit der Füllung wieder einrollen. Die restliche Joghurt-Sahne-Masse auf der Biskuitrolle verstreichen. Mit der Tülle Tupfer zur Garnierung aufsetzen.

Mandelrolle

Für den Teig:
5 Eigelb · 10 EL lauwarmes Wasser · 75 g Honig
5 Eiweiß · 200 g Mandeln
Für die Füllung:
200 ml süße Sahne · 500 g Magerquark · 50 g Honig
100 g Mandelblättchen

Ein Backblech mit Backpapier auslegen und dünn mit Kokosfett einpinseln.
Den Backofen auf 190 Grad vorheizen.
Zuerst die Mandeln fein mahlen.
Die Mandelblättchen für die Fülle in einer beschichteten Pfanne leicht rösten und abkühlen lassen.
Das Eiweiß steif schlagen. Beim Umdrehen der Schüssel darf es nicht herausrutschen. Die Schüssel mit dem Eischnee in den Kühlschrank stellen. Danach umgehend mit dem Handrührgerät das Eigelb mit dem lauwarmen Wasser in einer großen Schüssel schaumig schlagen und unter ständigem Rühren den Honig nach und nach zufügen. Es muß so lange gerührt werden, bis die Masse weißlich-cremig ist.
Dann abwechselnd den Eischnee und die feingemahlenen Mandeln über die Eigelbmasse schichten. Mit einem Lochrührlöffel oder einem Schneebesen alles vorsichtig unterheben.
Die Biskuitmasse auf das vorbereitete Backblech gießen und die Masse glattstreichen. Im vorgeheizten Backofen ca. 10–15 Minuten backen. Auf keinen Fall während der ersten 8 Minuten den Backofen öffnen, sonst besteht die Gefahr, daß der Biskuit zusammenfällt!
Garprobe: Mit dem Finger auf den Biskuitboden tippen; verschwindet die Delle sofort wieder, so ist der Biskuit durchgebacken.

Ein trockenes Geschirrtuch auf die Arbeitsfläche breiten. Ein zweites Tuch naß machen und auswringen, so daß es feucht ist.
Den Biskuit direkt aus dem Backofen auf das trockene Handtuch stürzen. Das feuchte Tuch 1–2 Minuten ausgebreitet auf das Backpapier legen, dann das Papier abziehen.
Den Biskuit von der Längsseite her mit dem trockenen Tuch aufrollen und darin auskühlen lassen.
Für die Füllung den Becher Sahne steif schlagen und in den Kühlschrank stellen. Den Quark mit Honig und Biobin mit dem Handrührgerät kräftig verquirlen. Mit einem Lochrührlöffel die steifgeschlagenen Sahne unterziehen. Nach dem vollständigen Auskühlen der Biskuitrolle diese vorsichtig auseinanderrollen und zwei Drittel der Quark-Sahne-Creme gleichmäßig darauf verstreichen. Zwei Drittel der gerösteten Mandeln über die Creme streuen und den Biskuit mit der Füllung wieder aufrollen. Mit der restlichen Creme die Biskuitrolle von außen bestreichen. Mit einer Gabel zur Garnierung ein Wellenmuster ziehen und die restlichen gerösteten Mandeln darüberstreuen.

Mango-Kokos-Rolle

Für den Teig:
5 Eigelb · 10 EL lauwarmes Wasser · 100 g Honig
5 Eiweiß · 50 g Vollsojamehl · 150 g Kokosflocken
Für Füllung und Belag:
2 Mangos · 50 g Kokosflocken · 200 ml süße Sahne
750 g Quark · 40 g Honig · 30 ml Wasser
3 KL Agar-Agar · 1 EL Kokosflocken

Ein Blech mit Backpapier auslegen und dünn mit Kokosfett einpinseln.

Das Sojamehl durchsieben und beiseite stellen.
Den Backofen auf 190 Grad vorheizen.
Zuerst das Eiweiß steif schlagen. Beim Umdrehen der Schüssel darf der Eischnee nicht herausrutschen. Die Schüssel mit dem steifgeschlagenen Eiweiß in den Kühlschrank stellen.
Danach das Eigelb umgehend mit dem Handrührgerät und dem lauwarmen Wasser in einer großen Schüssel schaumig schlagen. Unter ständigem Rühren nach und nach den Honig dazugeben. Es muß so lange gerührt werden, bis die Masse weißlich-cremig ist.
Dann abwechselnd das Eiweiß, das Sojamehl und die Kokosflokken über die Eigelbmasse schichten. Mit einem Lochrührlöffel oder einem Schneebesen alles vorsichtig unterheben.
Die Biskuitmasse auf das vorbereitete Backblech gießen und glattstreichen. Im vorgeheizten Backofen ca. 10–15 Minuten backen. Auf keinen Fall während der ersten 8 Minuten den Backofen öffnen, sonst besteht die Gefahr, daß der Biskuit zusammenfällt.
Garprobe: Mit dem Finger auf den Biskuitboden tippen; verschwindet die Delle sofort wieder, so ist der Biskuit gar.
Ein trockenes Geschirrtuch auf die Arbeitsfläche breiten. Ein zweites Küchentuch naß machen und auswringen, so daß es feucht ist.
Den Biskuit direkt aus dem Backofen auf das trockene Handtuch stürzen. Das feuchte Tuch 1–2 Minuten ausgebreitet auf das Backpapier legen, dann das Papier abziehen.
Den Biskuit von der Längsseite her mit dem trockenen Tuch aufrollen und darin auskühlen lassen.
Eine Mango in der Küchenmaschine oder auf einer Reibe grob raffeln. Die andere Mango mit dem Pürierstab pürieren.
Die gekühlte Sahne steif schlagen.
Den Quark mit Honig und den 50 g Kokosflocken mit Hilfe des Handrührgerätes gut verquirlen. Diese Masse vorsichtig unter die steifgeschlagene Sahne heben. Das Agar-Agar mit dem kalten Wasser in einem Topf verrühren und kurz zum Kochen bringen. Da-

nach leicht abkühlen lassen und in die Quark-Sahne-Masse einrühren. Ein Drittel der Creme beiseite stellen. Unter zwei Drittel der Creme die pürierte sowie die grob geraffelte Mango ziehen. Nach dem Auskühlen die Biskuitrolle vorsichtig auseinanderrollen, die Quark-Mango-Masse darauf verteilen und gleichmäßig verstreichen. Die restliche Quarkmasse außen auf die Biskuitrolle streichen, anschließend mit einem EL Kokosflocken bestreuen. Die Mango-Kokos-Rolle 5–6 Stunden im Kühlschrank durchziehen lassen.

Brombeer-Rolle

Für den Teig:
5 Eigelb · 10 EL lauwarmes Wasser · 100 g Honig
5 Eiweiß · 100 g Vollsojamehl · 100 g Mandeln
Für Füllung und Belag:
1 Becher süße Sahne · 2 Becher Vollmilchjoghurt
400 g Magerquark · 40 g Honig
30 ml Wasser · 3 KL Agar-Agar · 600 g Brombeeren

Ein Blech mit Backpapier auslegen und dünn mit Kokosfett einpinseln.
Das Sojamehl durchsieben und zur Seite stellen.
Den Backofen auf 190 Grad vorheizen.
Zuerst das Eiweiß steif schlagen. Beim Umdrehen der Schüssel darf der Eischnee nicht herausrutschen. Die Schüssel mit dem steifgeschlagenen Eiweiß in den Kühlschrank stellen. Die Mandeln fein mahlen, und mit dem Sojamehl mischen.
Das Eigelb mit dem Handrührgerät und dem lauwarmen Wasser in einer sehr großen Schüssel schaumig schlagen. Unter ständigem Rühren nach und nach den Honig zugeben. Es muß so lange gerührt werden, bis die Masse weißlich-cremig ist.

Dann abwechselnd den Eischnee mit dem Mehl-Mandel-Gemisch über die Eigelbmasse schichten. Mit einem Lochrührlöffel oder Schneebesen alles vorsichtig unterheben.
Die Biskuitmasse auf das vorbereitete Backblech gießen und glattstreichen. Im vorgeheizten Backofen ca. 10–15 Minuten backen. Auf keinen Fall während der ersten 8 Minuten den Backofen öffnen, sonst besteht die Gefahr, daß der Biskuit zusammenfällt.
Garprobe: Mit dem Finger auf den Biskuitboden tippen; verschwindet die Delle sofort wieder, so ist der Biskuit gar.
Ein trockenes Küchentuch auf die Arbeitsfläche breiten. Ein zweites Geschirrtuch naß machen und auswringen, so daß es feucht ist.
Den Biskuit direkt aus dem Backofen auf das **trockene** Handtuch stürzen. Das feuchte Tuch 1–2 Minuten ausgebreitet auf das Backpapier legen, dann das Papier abziehen.
Den Biskuit von der Längsseite her mit dem trockenen Tuch einrollen und darin auskühlen lassen.
Die Brombeeren waschen und in einem Sieb abtropfen lassen. 12 Brombeeren beiseite legen.
In der Zwischenzeit die Sahne steif schlagen. Den Quark mit dem Joghurt mit Hilfe des Handrührgerätes gut verquirlen. Die steifgeschlagene Sahne unterziehen. Das Agar-Agar in einem Topf mit dem kalten Wasser anrühren und zum Kochen bringen. Die Masse kurz abkühlen lassen, dann unter die Quark-Joghurt-Sahne-Creme mischen. Eine Spritztülle mit ca. 4–5 EL dieser Creme füllen und in den Kühlschrank legen. Unter zwei Drittel der verbleibenden Masse die Brombeeren mischen.
Nach dem Auskühlen die Biskuitrolle vorsichtig auseinanderrollen, die Brombeer-Quark-Masse gleichmäßig daraufstreichen. Den Biskuit mit der Füllung wieder einrollen. Die restliche Quarkmasse außen auf die Biskuitrolle verstreichen.
Mit der Spritztülle 12 Sahnetupfer auf die Brombeer-Rolle spritzen. Auf jeden Tupfer eine Brombeere setzen. Die Biskuitrolle vor dem Verzehr 5–6 Stunden im Kühlschrank aufbewahren.

Pistazienröllchen

Für den Teig:
5 Eigelb · 10 EL lauwarmes Wasser
100 g Honig · 5 Eiweiß · 200 g Vollsojamehl
Für die Füllung:
2 Packungen Doppelrahmfrischkäse (400 g)
2 Becher Vollmilchjoghurt
5 ML Biobin · 100 g Pistazien

Ein Blech mit Backpapier auslegen und mit Kokosfett dünn einpinseln.
Das Sojamehl durchsieben und zur Seite stellen.
Den Backofen auf 190 Grad vorheizen.
Zuerst das Eiweiß steif schlagen. Beim Umdrehen der Schüssel darf der Eischnee nicht herausrutschen. Die Schüssel mit dem steifgeschlagenen Eiweiß in den Kühlschrank stellen.
Danach das Eigelb mit dem Handrührgerät und dem lauwarmen Wasser in einer sehr großen Schüssel schaumig schlagen. Unter ständigem Rühren nach und nach den Honig zugeben. Es muß so lange gerührt werden, bis die Masse weißlich-cremig ist.
Dann abwechselnd den Eischnee und das Sojamehl über die Eigelbmasse schichten. Mit einem Lochrührlöffel oder einem Schneebesen alles vorsichtig unterheben.
Die Biskuitmasse auf das vorbereitete Backblech gießen und glattstreichen. Im vorgeheizten Backofen ca. 10–15 Minuten backen. Auf keinen Fall während der ersten 8 Minuten den Backofen öffnen, sonst besteht die Gefahr, daß der Biskuit zusammenfällt.
Garprobe: Mit dem Finger auf den Biskuitboden tippen; verschwindet die Delle sofort wieder, so ist der Biskuit durchgebacken.
Ein trockenes Geschirrtuch auf die Arbeitsfläche breiten. Ein zwei-

tes Küchentuch naß machen und auswringen, so daß es feucht ist.
Den Biskuit direkt aus dem Backofen auf das **trockene** Handtuch stürzen. Das feuchte Tuch für 1–2 Minuten auf das Backpapier legen, dann das Papier abziehen. Den Biskuit von der Längsseite her mit dem trockenen Tuch aufrollen und darin auskühlen lassen.
Die Pistazien in Frischhaltefolie geben und mit einem Nudelholz mehrfach darüberrollen, so daß sie grob zerkleinert werden.
Den Doppelrahmfrischkäse mit dem Vollmilchjoghurt und dem Biobin per Handrührgerät gründlich verquirlen.
Nach dem Auskühlen der Biskuitrolle diese vorsichtig auseinanderrollen, die Käse-Joghurt-Masse zu gut zwei Dritteln darauf verteilen und glattstreichen. Die Hälfte der Pistazien darüberstreuen.
Die Teigplatte von der Längsseite aus gesehen einmal in der Mitte durchschneiden. Dann die zwei Hälften von der schmalen Seite aus viermal teilen, so daß ca. 10 Stücke von jeweils 14 x 9 cm Größe entstehen. Diese Stücke von der schmalen Seite her aufrollen und jeweils mit der Naht nach unten auf die Kuchenplatte setzen.
Die Röllchen dünn mit der restlichen Käse-Joghurt-Masse bestreichen und mit den übrigen Pistazien bestreuen.

Rüblitorte

Für die Torte:
6 Eigelb · 12 EL Wasser · 120 g Honig
6 Eiweiß · 120 g Haselnüsse · 160 g Mandeln
250 g Möhren · 1 Prise Vollmeersalz
Zur Garnierung:
50 g Mandeln

Den Boden einer Springform von 26 cm Durchmesser mit Backpapier auslegen und dünn mit Kokosfett einpinseln. Auf keinen Fall den Rand der Springform einfetten, da sonst die Torte abrutscht und zusammenfällt.
Den Backofen auf 170 Grad vorheizen.
Zuerst die Mandeln und die Haselnüsse fein mahlen und gemischt in einer Schüssel beiseite stellen. Die Möhren ganz fein in eine extra Schüssel reiben.
Das Eiweiß steif schlagen. Beim Umdrehen der Schüssel darf der Eischnee nicht herausrutschen. Die Schüssel mit dem steifgeschlagenen Eiweiß in den Kühlschrank stellen.
Danach umgehend mit dem Handrührgerät das Eigelb mit dem lauwarmen Wasser in einer großen Schüssel schaumig schlagen. Unter ständigem Rühren den Honig nach und nach zufügen. Es muß so lange gerührt werden, bis die Masse weißlich-cremig ist.
Dann abwechselnd den Eischnee, die feingemahlenen Mandeln und Nüsse sowie die geriebenen Möhren über die Eigelbmasse schichten. Mit einem Lochrührlöffel oder einem Schneebesen alles vorsichtig unterheben.
Die Biskuitmasse in die vorbereitete Springform gießen und glattstreichen. Im vorgeheizten Backofen ca. 45–50 Minuten backen. Während der ersten 40 Minuten auf keinen Fall den Backofen öffnen, sonst besteht die Gefahr, daß der Biskuit zusammenfällt.

Garprobe: Mit dem Finger auf den Biskuitboden tippen; verschwindet die Delle sofort wieder, so ist der Biskuit durchgebacken.
Den Kuchen auf einem Gitterrost einige Minuten auskühlen lassen. Mit einem Messer zwischen Kuchen- und Formrand entlangfahren und erst dann die Springform lösen. Mit einem zweiten Kuchengitter die Rüblitorte wenden und den Springformboden sowie das Backpapier entfernen. Mit Hilfe des ersten Gitterrostes die Rüblitorte wieder wenden und vollständig auskühlen lassen.
Die Mandeln für die Garnitur in eine Plastiktüte geben und mit einem Nudelholz mehrfach darüberrollen, bis sie grob zerkleinert sind. Die Mandelstücke auf die noch warme Rüblitorte streuen.

Stachelbeertorte

FÜR DEN TEIG:
5 Eigelb · 10 EL lauwarmes Wasser · 100 g Honig
5 Eiweiß · 200 g Haselnüsse
FÜR DEN BELAG:
600 g Stachelbeeren · 500 ml Dickmilch
200 ml süße Sahne · 3 KL Agar-Agar · 50 ml Wasser

Den Boden einer Springform von 26 cm Durchmesser mit Backpapier auslegen und dünn mit Kokosfett einpinseln. Auf keinen Fall den Rand der Springform einfetten, da sonst die Torte abrutscht und zusammenfällt.
Den Backofen auf 170 Grad vorheizen.
Die Stachelbeeren waschen und in ein Sieb zum Abtropfen schütten. 16 Stachelbeeren zur Garnierung beiseite legen.
Die Haselnüsse fein mahlen.
Das Eiweiß steif schlagen. Beim Umdrehen der Schüssel darf der Eischnee nicht herausrutschen. Die Schüssel mit dem steifgeschlagenen Eiweiß in den Kühlschrank stellen.

Danach umgehend mit dem Handrührgerät das Eigelb mit dem lauwarmen Wasser in einer sehr großen Schüssel schaumig schlagen und unter ständigem Rühren nach und nach den Honig dazugeben. Es muß so lange gerührt werden, bis die Masse weißlich-cremig ist.

Dann abwechselnd den Eischnee und die feingemahlenen Haselnüsse über die Eigelbmasse schichten. Mit einem Lochrührlöffel oder einem Schneebesen alles vorsichtig unterheben.

Die Biskuitmasse in die vorbereitete Springform gießen und glattstreichen. Im vorgeheizten Backofen ca. 45–50 Minuten backen. Auf keinen Fall während der ersten 30 Minuten den Backofen öffnen, sonst besteht die Gefahr, daß der Biskuit zusammenfällt.

Garprobe: Mit dem Finger auf den Biskuitboden tippen; verschwindet die Delle sofort wieder, so ist der Biskuit durchgebacken.

Den Kuchen auf einem Gitterrost einige Minuten abkühlen lassen. Ein Messer zwischen Kuchenform- und Biskuitrand durchziehen, anschließend die Springform lösen. Mit Hilfe eines Kuchengitters den Biskuit drehen und den Boden der Springform sowie das Backpapier abnehmen. Den Kuchen mit dem anderen Gitterrost erneut wenden und vollständig auskühlen lassen.

Den Biskuitboden einmal in der Mitte waagerecht durchschneiden, den unteren Boden auf eine Tortenplatte legen und mit einem Tortenring umgeben.

Die Sahne steif schlagen. Die Dickmilch mit dem Handrührgerät aufschlagen und die Sahne vorsichtig unterziehen.

Die 50 ml Wasser in einem Topf mit dem Agar-Agar verrühren und kurz aufkochen. Diese Masse leicht abkühlen lassen und in die Dickmilch-Sahne einrühren. Ein Drittel der Masse beiseite stellen.

Unter die restlichen zwei Drittel die Stachelbeeren mischen und diese auf dem unteren Tortenboden gleichmäßig verstreichen. Den zweiten Tortenboden in 16 Kuchenstücke schneiden und diese Stücke auf die Masse setzen. Eine Spritztülle mit der Dickmilch-Sahne-Masse füllen. Damit den oberen Tortenboden gleichmäßig bestreichen. Die Torte 4–5 Stunden im Kühlschrank aufbewahren. Danach den Tortenring entfernen und 16 Kuchenstücke markieren. Auf diese Kuchenstücke jeweils einen Dickmilch-Sahnetupfer setzen. Jeden Sahnetupfer mit einer Stachelbeere krönen.

Nußbiskuittorte

FÜR DEN BODEN:
5 Eiweiß · 5 Eigelb · 10 EL lauwarmes Wasser
100 g Honig · 200 g feingemahlene Haselnüsse
FÜR DIE FÜLLUNG:
2 Becher süße Sahne (400 ml) · 150 g feingemahlene Haselnüsse
6 ML Biobin · 16 ganze Haselnüsse

Den Boden einer Springform mit Backpapier auslegen oder mit 5 g ungehärtetem Kokosfett bepinseln.
Auf keinen Fall den Rand der Springform einfetten, da sonst während des Backens der Tortenrand abrutscht!
Den Backofen auf 170 Grad vorheizen.
Zuerst das Eiweiß steif schlagen. Beim Umdrehen der Schüssel darf der Eischnee nicht aus der Schüssel rutschen. Die Schüssel mit dem steifgeschlagenen Eiweiß in den Kühlschrank stellen.
Danach umgehend mit dem Handrührgerät das Eigelb mit dem lauwarmen Wasser in einer sehr großen Schüssel schaumig schlagen und unter ständigem Rühren den Honig nach und nach zugeben. Es muß so lange gerührt werden, bis die Masse weißlich-cremig ist. Danach abwechselnd den Eischnee und die feingemahlenen Haselnüsse über die Eigelbmasse schichten. Anschließend mit einem Lochrührlöffel oder einem Schneebesen alles vorsichtig unterheben.

Die Biskuitmasse in die vorbereitete Kuchenform gießen und die Masse glattstreichen. Im vorgeheizten Backofen ca. 40–45 Minuten backen. Auf keinen Fall während der ersten 30 Minuten den Backofen öffnen, sonst besteht die Gefahr, daß der Biskuit zusammenfällt.
Garprobe: Mit dem Finger auf den Biskuitboden tippen; verschwindet die Delle sofort wieder, so ist der Biskuit durchgebacken.
Den fertigen Biskuit kurz abkühlen lassen. Mit einem Messer zwischen Kuchen- und Springformrand entlangfahren. Erst dann den Rand öffnen und abnehmen. Mit Hilfe eines Kuchenrostes den Biskuit stürzen. Den Tortenboden lösen und mit einem zweiten Kuchengitter wieder umdrehen. Den Biskuitboden vollständig auskühlen lassen und in der Mitte einmal waagerecht durchschneiden, so daß man über zwei Tortenböden verfügt.
Sahne mit Biobin steif schlagen. Zur Garnierung eine Tülle mit geschlagener Sahne füllen und in den Kühlschrank legen.
Die feingemahlenen Haselnüsse unter die Sahne heben.
Den unteren Tortenboden mit einem Drittel der Nußsahne bestreichen. Den zweiten Tortenboden in 16 Kuchenstücke schneiden. Diese Stücke auf die Masse setzen. Mit der restlichen Sahne die einzelnen Kuchenstücke sowie den Rand bestreichen. Auf jedes Stück mit der Tülle einen Sahnetupfer spritzen. Auf jeden dieser Tupfer eine ganze Haselnuß setzen.
Den Kuchen 5–6 Stunden im Kühlschrank stehenlassen.

Pfirsich-Käse-Sahne-Kuchen

Für den Boden:

3 Eigelb · 6 EL lauwarmes Wasser · 50 g Honig

3 Eiweiß · 120 g Vollsojamehl · 50 g Mandelblättchen

Für die Füllung:

800 g frische Pfirsiche · 1½ l Wasser · 750 g Quark

200 g süße Sahne · 100 g Honig · 1 unbehandelte Zitrone

3 KL Agar-Agar · 50 ml Wasser

Den Boden einer Springform von 26 cm Durchmesser mit Backpapier auslegen oder mit 5 g ungehärtetem Kokosfett einpinseln. Keinesfalls den Springformrand einfetten!
Das Sojamehl durchsieben und zur Seite stellen.
Zuerst das Eiweiß steif schlagen. Beim Umdrehen der Schüssel darf der Eischnee nicht herausrutschen. Die Schüssel mit dem steifgeschlagenen Eiweiß in den Kühlschrank stellen.
Danach umgehend mit dem Handrührgerät das Eigelb mit dem lauwarmen Wasser in einer sehr großen Schüssel schaumig schlagen und unter ständigem Rühren den Honig nach und nach zugeben. Es muß so lange gerührt werden, bis die Masse weißlich-cremig ist.
Dann abwechselnd den Eischnee mit dem Sojamehl über die Eigelbmasse schichten. Mit einem Lochrührlöffel oder einem Schneebesen alles vorsichtig unterheben.
Die Biskuitmasse in die vorbereitete Springform geben und glattstreichen. Die Mandelblättchen gleichmäßig darüberstreuen. Im vorgeheizten Backofen ca. 25–30 Minuten backen. Auf keinen Fall während der ersten 20 Minuten den Backofen öffnen, sonst besteht die Gefahr, daß der Biskuit zusammenfällt!
Garprobe: Mit dem Finger auf den Biskuitboden tippen; verschwindet die Delle sofort wieder, so ist der Biskuit durchgebacken.

Den Biskuitboden auf einem Kuchenrost 1–2 Minuten auskühlen lassen. Mit einem Messer den Rand zwischen Tortenboden und Kuchenform lösen. Den Springformrand abnehmen. Damit die Mandelblättchen beim Wenden nicht verloren gehen, deckt man den Biskuit zuvor mit einem Küchentuch ab, legt den Kuchenrost darauf und dreht den Boden um. Den Springformboden und eventuell vorhandenes Backpapier entfernen. Falls dies nicht leicht gelingt, ein feuchtes Tuch auf das Backpapier legen, 1–2 Minuten einwirken lassen. Dann läßt sich das Backpapier auf jeden Fall leicht lösen. Mit einem zweiten Kuchenrost den Tortenboden wieder umdrehen. Vollständig auskühlen lassen und den Boden in der Mitte einmal quer durchschneiden. Den unteren Tortenboden auf eine Kuchenplatte setzen. Einen Tortenring um den Boden legen.

Für die Füllung die frischen Pfirsiche waschen, in der Mitte teilen und entsteinen. Das Wasser in einem größeren Topf zum Kochen bringen, dann vom Herd nehmen. Die Pfirsichhälften 3–4 Minuten in dem Wasser ziehen lassen. Herausnehmen, in ein Sieb legen und die Früchte enthäuten.

Die Pfirsichhälften auf dem unteren Tortenboden verteilen. Die Sahne steif schlagen und in den Kühlschrank stellen. Den Quark in einer Schüssel mit dem Honig und der abgeriebenen Schale einer halben Zitrone per Handrührgerät verrühren. Die steifgeschlagene Sahne mit einem Lochrührlöffel vorsichtig unterheben und die Masse in den Kühlschrank stellen.

Im kalten Wasser das Agar-Agar verrühren, kurz aufkochen und nur leicht abkühlen lassen. Mit einem Schneebesen oder einem Lochrührlöffel unter die Quark-Sahne-Masse ziehen. Diese Masse dann über die Pfirsichhälften verteilen und glattstreichen.

Den oberen Tortenboden in 16 Kuchenstücke schneiden und diese auf die Quark-Sahne-Masse setzen. Die Torte vor dem Verzehr 5–6 Stunden kühlen.

Zitronen-Sahne-Torte

Für den Tortenboden:
5 Eigelb · 10 EL lauwarmes Wasser · 100 g Honig
200 g Vollsojamehl · 5 Eiweiß
Für den Belag:
½ l süße Sahne · 2 unbehandelte Zitronen
80 g Honig · 4 KL Agar-Agar

Den Boden einer Springform von 26 cm Durchmesser mit Backpapier auslegen oder mit 5 g ungehärtetem Kokosfett einpinseln. Auf keinen Fall den Formrand einfetten, da sonst die Torte abrutscht und zusammenfällt.

Das Sojamehl durchsieben und zur Seite stellen.

Den Backofen auf 170 Grad vorheizen.

Zuerst das Eiweiß steif schlagen. Beim Umdrehen der Schüssel darf der Eischnee nicht herausrutschen. Die Schüssel mit dem steifgeschlagenen Eiweiß in den Kühlschrank stellen.

Danach umgehend mit dem Handrührgerät das Eigelb mit dem lauwarmen Wasser in einer sehr großen Schüssel schaumig schlagen und unter ständigem Rühren den Honig nach und nach zufügen. Es muß so lange gerührt werden, bis die Masse weißlich-cremig ist.

Den Eischnee abwechselnd mit dem Sojamehl über die Eigelbmasse schichten. Mit einem Lochrührlöffel oder einem Schneebesen alles vorsichtig unterheben.

Die Biskuitmasse in die vorbereitete Springform gießen und die Masse glattstreichen. Im vorgeheizten Backofen ca. 45–50 Minuten backen. Auf keinen Fall während der ersten 30 Minuten den Backofen öffnen, sonst besteht die Gefahr, daß der Biskuit zusammenfällt.

Garprobe: Mit dem Finger auf den Biskuitboden tippen; verschwindet die Delle sofort wieder, so ist der Biskuit durchgebacken.
Den Kuchen auf einem Gitterrost einige Minuten abkühlen lassen. Ein Messer zwischen Kuchenform- und Biskuitrand durchziehen und die Springform anschließend lösen. Mit Hilfe eines zweiten Kuchengitters den Biskuit drehen und den Boden der Springform abnehmen; eventuell vorhandenes Backpapier ebenfalls lösen. Den Kuchen mit Hilfe des Rostes wieder wenden und vollständig auskühlen lassen. Danach den Tortenboden einmal quer in der Mitte durchschneiden, so daß man über zwei Tortenböden verfügt. Den unteren Boden auf eine Kuchenplatte setzen. Einen Tortenring darumlegen. Den oberen Tortenboden in 16 Kuchenstücke schneiden.
In der Zwischenzeit die Creme zubereiten: Die Sahne mit dem Honig steif schlagen und in den Kühlschrank stellen.
Die Schale einer Zitrone fein abreiben und beiseite stellen. Beide Zitronen auspressen. Den Zitronensaft in einen keinen Topf geben und das Agar-Agar darin auflösen. Diese Masse erhitzen und kurz aufkochen. Den Topf von der Herdstelle nehmen, abkühlen lassen. Die geriebene Zitronenschale zufügen und alles zusammen mit einem Schneebesen unter die steifgeschlagene Sahne ziehen.
Die Zitronen-Sahne-Masse zu ¾ auf dem unteren Biskuitboden glattstreichen. Die einzelnen Kuchenstücke daraufsetzen und die Torte mit der restlichen Zitronenmasse bestreichen. Für 5–6 Stunden in den Kühlschrank stellen.

Obstkuchen zur Eiweißmahlzeit

Der Boden für Obstkuchen wird meist in einer Springform von 30 cm Durchmesser gebacken. Mitunter bereitet das Entfernen des gebackenen Bodens aus der Kuchenform etwas Probleme. Falls dies bei Ihnen zutrifft, obwohl Sie die Backform mit ungehärtetem Kokosfett eingefettet haben, empfehle ich Ihnen das Backen in der Tarteform. Diese Backformen sind in allen guten Haushaltswarengeschäften erhältlich. Sie haben die gleiche Form und sind auch mit dem gleichen Durchmesser wie die üblichen Obstkuchenformen erhältlich. Das Besondere daran ist, daß sich der Boden herausnehmen läßt, so daß der Obstkuchenboden nach dem Backen und Erkalten mit einem Tortenheber leicht vom Backformboden gelöst werden kann.

Erdbeerkuchen

Für den Boden:
2 Eigelb · 4 EL Wasser · 40 g Honig
80 g Mandeln · 2 Eiweiß
Für den Belag:
1 Becher Vollmilchjoghurt · 2 ML Biobin
500 g Erdbeeren · ¼ l Wasser
25 g Honig · 1 KL Agar-Agar

Eine Obstkuchen- oder Tarteform mit 5 g ungehärtetem Kokosfett einpinseln.
Den Backofen auf 180 Grad vorheizen.
Die Mandeln fein mahlen, das Eiweiß steif schlagen. Beim Umdrehen der Schüssel darf der Eischnee nicht herausrutschen. Die Schüssel mit dem steifgeschlagenen Eiweiß in den Kühlschrank stellen.
Danach umgehend das Eigelb mit dem lauwarmem Wasser schaumig schlagen und unter ständigem Rühren langsam den Honig zugeben. Es muß so lange gerührt werden, bis eine weißlich-cremige Masse entstanden ist.
Dann abwechselnd den Eischnee und die feingemahlenen Man-

deln über die Eigelbmasse schichten. Mit einem Lochrührlöffel oder einem Schneebesen alles vorsichtig unterheben.
Die Biskuitmasse in die vorbereitete Kuchenform gießen und glattstreichen. Im vorgeheizten Backofen ca. 25—30 Minuten backen. Während der ersten 20 Minuten auf keinen Fall den Backofen öffnen, da sonst die Gefahr besteht, daß die Biskuitmasse zusammenfällt.
Garprobe: Mit dem Finger auf den Biskuitboden tippen; verschwindet die Delle sofort wieder, so ist der Biskuit durchgebacken.
Den Kuchen auf einem Gitterrost abkühlen lassen. Gegebenenfalls mit einem Messer den Rand lösen, den Biskuit aus der Backform nehmen und vollständig auskühlen lassen.
Die Erdbeeren waschen, zupfen und in ein Sieb zum Abtropfen schütten.
Für den Belag einen Becher Joghurt kräftig mit Biobin verrühren. Die Masse auf dem ausgekühlten Kuchenboden glattstreichen. Die Erdbeeren darauf verteilen.
In einem Topf ¼ l Wasser mit Honig sowie Agar-Agar verrühren und erhitzen. Das Ganze kurz aufkochen. Den Tortenguß leicht abgekühlt mit einem Löffel über die Erdbeeren verteilen.

Kiwikuchen

Für den Boden:
2 Eigelb · 4 EL Wasser · 40 g Honig · 2 Eiweiß
40 g Vollsojamehl · 40 g Haselnüsse
Für den Belag:
5—6 Kiwis · ¼ l Wasser
1 KL Agar-Agar · 25 g Honig

Eine Obstkuchen- bzw. Tarteform mit ungehärtetem Kokosfett einpinseln.

Das Vollsojamehl durchsieben und zur Seite stellen.
Den Backofen auf 180 Grad vorheizen.
Die Haselnüsse fein mahlen. Das Eiweiß steif schlagen. Beim Umdrehen der Schüssel darf der Eischnee nicht herausrutschen. Die Schüssel mit dem steifgeschlagenen Eiweiß in den Kühlschrank stellen.
Danach mit dem Handrührgerät umgehend das Eigelb mit dem lauwarmen Wasser in einer großen Schüssel schaumig schlagen und unter ständigem Rühren langsam den Honig dazugeben. Es muß so lange gerührt werden, bis eine weißlich-cremige Masse entstanden ist.
Dann abwechselnd den Eischnee mit dem Sojamehl und den feingemahlenen Haselnüssen über die Eigelbmasse schichten. Mit einem Lochrührlöffel oder einem Schneebesen alles vorsichtig unterheben.
Die Biskuitmasse in die vorbereitete Kuchenform gießen und glattstreichen. Im vorgeheizten Backofen ca. 25–30 Minuten backen. Auf keinen Fall während der ersten 20 Minuten den Backofen öffnen, da sonst die Gefahr besteht, daß die Biskuitmasse zusammenfällt.
Garprobe: Mit dem Finger auf den Biskuitboden tippen; verschwindet die Delle sofort wieder, so ist der Biskuit durchgebacken.
Den Kuchen auf einem Gitterrost abkühlen lassen. Gegebenenfalls am Backformrand mit einem Messer lösen, den Kuchenboden aus der Form nehmen und vollständig auskühlen lassen.
Die Kiwis am besten mit dem Sparschäler wie Kartoffeln schälen und mit dem Eischneider in gleichmäßig dicke Scheiben teilen.
Die Obstscheiben dachziegelartig auf den Kuchenboden legen.
In einem Topf ¼ l Wasser mit Honig und Agar-Agar verrühren und das Ganze kurz aufkochen. Den Tortenguß leicht abgekühlt mit einem Eßlöffel über die Kiwis verteilen.

Himbeerkuchen

Für den Boden:
2 Eigelb · 4 EL Wasser · 40 g Honig
80 g Vollsojamehl · 2 Eiweiß
Für den Belag:
100 g Doppelrahmfrischkäse · 50 g Vollmilchjoghurt
500 g Himbeeren · ¼ l Wasser
25 g Honig · 1 KL Agar-Agar

Eine Obstkuchen- oder Tarteform mit 5 g ungehärtetem Kokosfett einpinseln.
Das Sojamehl durchsieben und zur Seite stellen.
Den Backofen auf 180 Grad vorheizen.
Das Eiweiß steif schlagen. Beim Umdrehen der Schüssel darf der Eischnee nicht herausrutschen. Die Schüssel mit dem steifgeschlagenen Eiweiß in den Kühlschrank stellen.
Danach umgehend das Eigelb mit dem lauwarmem Wasser schaumig schlagen und unter ständigem Rühren langsam den Honig zugeben. Es muß so lange gerührt werden, bis eine weißlich-cremige Masse entstanden ist.
Dann abwechselnd den Eischnee und das Sojamehl über die Eigelbmasse schichten. Mit einem Lochrührlöffel oder einem Schneebesen alles vorsichtig unterheben.
Die Biskuitmasse in die vorbereitete Obstkuchenform gießen und glattstreichen. Im vorgeheizten Backofen ca. 25–30 Minuten bakken. Auf keinen Fall während der ersten 20 Minuten den Backofen öffnen, da sonst die Gefahr besteht, daß die Biskuitmasse zusammenfällt.
Garprobe: Mit dem Finger auf den Biskuitboden tippen; verschwindet die Delle sofort wieder, so ist der Biskuit durchgebacken.
Den Kuchen auf einem Gitterrost abkühlen lassen. Gegebenen-

falls mit einem Messer am Backformrand lösen und den Biskuit aus der Form nehmen. Vollständig auskühlen lassen.
Die Himbeeren waschen und zum Abtropfen in ein Sieb schütten. Für den Belag den Frischkäse mit dem Joghurt per Handrührgerät gut vermischen. Diese Masse auf dem ausgekühlten Tortenboden gleichmäßig verstreichen. Die Himbeeren darauf verteilen. In einem Topf ¼ l Wasser mit Honig und Agar-Agar verrühren, das Ganze kurz aufkochen. Den Tortenguß leicht abgekühlt mit einem Eßlöffel über die Himbeeren verteilen.

Clementinen-Obstkuchen

FÜR DEN BODEN:
2 Eigelb · 4 EL Wasser · 40 g Honig
80 g Vollsojamehl · 2 Eiweiß
FÜR DEN BELAG:
500 g Clementinen · 100 g Mascarpone-Frischkäse
100 g Vollmilchjoghurt · 2 Orangen
25 g Honig · 1 KL Agar-Agar

Eine Obstkuchen- oder Tarteform mit 5 g ungehärtetem Kokosfett einpinseln.
Das Sojamehl durchsieben und beiseite stellen.
Den Backofen auf 180 Grad vorheizen.
Das Eiweiß steif schlagen. Beim Umdrehen der Schüssel darf der Eischnee nicht herausrutschen. Die Schüssel mit dem steifgeschlagenen Eiweiß in den Kühlschrank stellen. Danach umgehend das Eigelb mit dem lauwarmem Wasser schaumig schlagen. Unter ständigem Rühren langsam den Honig zugeben. Es muß so lange gerührt werden, bis die Masse weißlich-cremig ist.
Dann abwechselnd den Eischnee und das Sojamehl über die Ei-

gelbmasse schichten. Mit einem Lochrührlöffel oder einem Schneebesen alles vorsichtig unterheben. Die Biskuitmasse in die vorbereitete Form gießen und glattstreichen. Im vorgeheizten Backofen 25–30 Minuten backen. Während der ersten 20 Minuten auf keinen Fall den Backofen öffnen, da sonst die Gefahr besteht, daß die Biskuitmasse zusammenfällt.
Garprobe: Mit dem Finger auf den Biskuitboden tippen; verschwindet die Delle sofort wieder, so ist der Biskuit durchgebacken.
Den Kuchen auf einem Gitterrost abkühlen lassen. Gegebenenfalls mit einem Messer den Backformrand lösen, aus der Form nehmen und vollständig auskühlen lassen.
Die Clementinen schälen und die einzelnen Spalten auf einen Teller legen.
Für den Belag den Mascarpone und den Joghurt miteinander verrühren. Diese Masse gleichmäßig auf dem ausgekühlten Tortenboden verstreichen. Die Clementinenspalten dekorativ auf der Käsemasse verteilen.
Die beiden Orangen auspressen und mit Wasser auf 250 ml Flüssigkeit auffüllen. Das Agar-Agar und den Honig unterrühren, kurz aufkochen und den Guß etwas abgekühlt mit einem Eßlöffel über die Clementinen verteilen.

Sauerkirsch-Mandel-Kuchen

Für den Boden:
2 Eigelb · 4 EL Wasser · 40 g Honig
80 g Mandeln · 2 Eiweiß
Für den Belag:
1 kg Sauerkirschen · 40 g Mandelblättchen
¼ l Wasser · 25 g Honig · 1 KL Agar-Agar

Eine Obstkuchen- oder Tarteform mit 5 g ungehärtetem Kokosfett einpinseln.
Den Backofen auf 180 Grad vorheizen.
Die Mandeln fein mahlen.
Das Eiweiß steif schlagen. Beim Umdrehen der Schüssel darf der Eischnee nicht herausrutschen. Die Schüssel mit dem steifgeschlagenen Eiweiß in den Kühlschrank stellen. Danach umgehend das Eigelb mit dem lauwarmem Wasser schaumig schlagen und unter ständigem Rühren langsam den Honig zugeben. Es muß so lange gerührt werden, bis eine weißlich-cremige Masse entstanden ist.
Dann abwechselnd den Eischnee und die gemahlenen Mandeln über die Eigelbmasse schichten. Mit einem Lochrührlöffel oder einem Schneebesen alles vorsichtig unterheben.
Die Biskuitmasse in die vorbereitete Form gießen und glattstreichen. Im vorgeheizten Backofen ca. 25–30 Minuten backen. Während der ersten 20 Minuten auf keinen Fall den Backofen öffnen, da sonst die Gefahr besteht, daß die Biskuitmasse zusammenfällt.
Garprobe: Mit dem Finger auf den Biskuitboden tippen; verschwindet die Delle sofort wieder, so ist der Biskuit durchgebacken.
Den Kuchen auf einem Gitterrost abkühlen lassen. Gegebenenfalls mit einem Messer vom Backformrand lösen, aus der Form nehmen und vollständig auskühlen lassen.
Die Kirschen waschen, entsteinen und in ein Sieb zum Abtropfen

geben. Auf dem abgekühlten Obstkuchenboden verteilen. Die Mandelblättchen in einer beschichteten Pfanne rösten und über die Kirschen streuen.
In einem Topf ¼ l Wasser mit Honig und Agar-Agar verrühren und das Ganze kurz aufkochen. Den Tortenguß etwas abgekühlt mit einem Eßlöffel über die Kirschen verteilen.

Weintraubenkuchen

Für den Boden:
2 Eigelb · 4 EL Wasser · 40 g Honig
80 g Haselnüsse · 2 Eiweiß
Für den Belag:
500 g weiße Weintrauben · 500 g blaue Weintrauben
⅛ l trockener Weißwein · ⅛ l Wasser
25 g Honig · 1 KL Agar-Agar

Eine Obstkuchen- oder Tarteform mit 5 g ungehärtetem Kokosfett einpinseln.
Den Backofen auf 180 Grad vorheizen.
Die Haselnüsse fein mahlen. Das Eiweiß steif schlagen. Beim Umdrehen der Schüssel darf der Eischnee nicht herausrutschen. Die Schüssel mit dem steifgeschlagenen Eiweiß in den Kühlschrank stellen.
Danach umgehend das Eigelb mit dem lauwarmem Wasser schaumig schlagen und unter ständigem Rühren langsam den Honig zugeben. Es muß so lange gerührt werden, bis eine weißlich-cremige Masse entstanden ist.
Dann abwechselnd den Eischnee und die feingemahlenen Mandeln über die Eigelbmasse schichten. Mit einem Lochrührlöffel

oder einem Schneebesen alles vorsichtig unterheben. Die Biskuitmasse in die vorbereitete Form gießen und glattstreichen. Im vorgeheizten Backofen ca. 25–30 Minuten backen. Während der ersten 20 Minuten auf keinen Fall den Backofen öffnen, da sonst die Gefahr besteht, daß der Biskuit zusammenfällt.

Garprobe: Mit dem Finger auf den Biskuitboden tippen; verschwindet die Delle sofort wieder, so ist der Biskuit durchgebacken.

Den Kuchen auf einem Gitterrost abkühlen lassen. Gegebenenfalls mit einem Messer vom Rand lösen, aus der Form nehmen und vollig auskühlen lassen.

Die Weintrauben waschen und in ein Sieb zum Abtropfen geben. Den Obstkuchenboden mit jeweils einer Reihe roter und einer Reihe weißer Weintrauben belegen.

Den Weißwein mit Wasser, Honig und Agar-Agar verrühren. Das Ganze kurz aufkochen. Den etwas abgekühlten Tortenguß mit einem Eßlöffel auf den Weintrauben verteilen.

Weihnachtsplätzchen zur Eiweißmahlzeit

Tips für die Aufbewahrung von Plätzchen:

Die Plätzchen auf einem Kuchenrost immer gut auskühlen lassen. Plätzchen, die weich werden sollen, wie z. B. Zimtsterne oder Makronen, 2–3 Tage an der Luft stehenlassen und erst dann in Dosen einfüllen. Den Deckel dabei nicht ganz schließen.
Die Plätzchen lageweise durch Pergamentpapier trennen und jede Sorte einzeln in einer Dose aufbewahren.

Haselnußmakronen

2 Eiweiß · 60 g Honig

150 g Haselnüsse · 1 Msp Zimt

Das Eiweiß mit Honig sehr steif schlagen. Die feingemahlenen Haselnüsse und den Zimt mit Hilfe eines Lochrührlöffel unterziehen.
Ein Blech mit Backpapier auslegen.
Mit Hilfe von zwei Kaffeelöffeln kleine Makronenhäufchen auf das Papier setzen.
Den Backofen auf 140 Grad vorheizen.
Die Haselnußmakronen im vorgeheizten Backofen ca. 40 Minuten mehr trocknen als backen.

Kokosmakronen

2 Eiweiß · 60 g Honig

1 Msp Naturvanille · 100 g Kokosflocken

Das Eiweiß mit dem Honig sehr steif schlagen. Die Kokosflocken mit der Vanille zufügen und mit einem Lochrührlöffel oder Schneebesen alles vorsichtig unterheben.
Ein Blech mit Backpapier auslegen. Mit Hilfe von zwei Kaffeelöffeln kleine Makronenhäufchen auf das Papier setzen.
Im vorgeheizten Backofen bei 140 Grad die Makronen 40 Minuten mehr trocknen als backen.

Zimtsterne

250 g ungeschälte Mandeln

1 Prise Vollmeersalz · 2 Eiweiß · 100 g Honig

1 EL Zitronensaft · 1 TL Zimt, gemahlen

Die Mandeln fein mahlen. Das Eiweiß mit dem Honig und der Prise Salz steif schlagen, nach und nach den Zitronensaft dazugeben. 2 EL Eiweißschaum beiseite stellen. 220 g feingemahlene Mandeln und den Zimt unterheben. Die restlichen gemahlenen Mandeln auf die Arbeitsfläche streuen. Den Teig vorsichtig darauf ausrollen.
Ein Blech mit Backpapier auslegen.
Sterne aus dem Teig ausstechen, auf das Backpapier setzen und mit dem zurückgehaltenen Eiweißschaum bestreichen.
Den Backofen auf 160 Grad vorheizen.
Die Zimtsterne bei dieser Temperatur 25–30 Minuten backen.

Orangenmakronen

2 Eiweiß · 60 g Honig · 2 TL Orangensaft

180 g Mandeln · 1 unbehandelte Orangenschale

Das Eiweiß mit dem Honig sehr steif schlagen. 2 TL Orangensaft zugeben, die feingemahlenen Mandeln mit einem Lochrührlöffel unterheben und alles miteinander vermischen.
Ein Backblech mit Backpapier auslegen.
Mit Hilfe von zwei Kaffeelöffeln kleine Makronen auf das Papier setzen.
Die Orangenschale abreiben und die geraspelten Schalen auf den Makronen verteilen.
Den Backofen auf 140 Grad vorheizen.
Die Orangenmakronen im vorgeheizten Backofen ca. 40 Minuten mehr trocknen als backen.

Erläuterungen:

Agar-Agar:	Geliermittel aus Meeresalgen. Es handelt sich um ein rein pflanzliches Nahrungsmittel.
Amaranth:	Eine der ältesten, sehr vitamin- und mineralstoffreichen Getreidearten aus Mittelamerika; wird heute überwiegend in Mexiko angebaut.
Backpulver:	Siehe Weinsteinbackpulver.
Biobin:	Bindemittel aus Johannisbrotkernmehl.
Blindbacken:	Mürbeteig wird dünn ausgerollt, in die Kuchenform gelegt und mehrfach mit der Gabel eingestochen, mit Pergamentpapier belegt und mit Hülsenfrüchten aufgefüllt. Diese sollte man getrennt aufbewahren, denn man kann sie immer wieder verwenden. Das »Blindbakken« wird bevorzugt, wenn der Kuchenboden sehr dünn bleiben soll und anschließend belegt wird.
Brotgewürz:	Im Handel sind fertige Mischpackungen erhältlich.
Carob:	Hat einen schokoladeähnlichen Geschmack und wird aus Johannisbrotkernmehl gewonnen.
Fette:	Siehe Seite 19.
Kakao:	Auf ungeschwefelten Kakao achten! Sollte nur sehr sparsam verwendet werden, da er koffeinhaltig ist und zu den Säurebildnern zählt.

Kräuter:	Können frisch, tiefgefroren oder getrocknet verwendet werden.
Naturvanille:	Wird pulverisiert im Handel angeboten. Es handelt sich um das pulverisierte Mark der Vanilleschote.
Quinoa:	Eine sehr nährstoffreiche, eiweißhaltige Getreideart, die Grundnahrungsmittel der Inkas war und heute vor allem in den Anden angebaut wird.
Rosinen:	Darauf achten, ungeschwefelte zu kaufen!
Trockenobst:	Auch hier darauf achten, daß es sich um ungeschwefeltes Trockenobst handelt.
Salz:	Sollte sehr sparsam eingesetzt werden. Da die meisten von uns unter Jodmangel leiden, sollte auf Vollmeersalz mit natürlichem Jodgehalt geachtet werden.
Vollsojamehl:	Wird aus der gelben Sojabohne gewonnen; enthält viel Eiweiß, Fett, Mineralstoffe und Vitamine. Immer auf die Bezeichnung »Vollsojamehl« achten und keine entfetteten Produkte kaufen.
Weinsteinbackpulver:	Ist im Gegensatz zu anderem Backpulver phosphatfrei und von daher für die Verdauungsorgane bekömmlicher.

Sollten Sie bestimmte Nahrungsmittel in den gängigen Lebensmittelgeschäften nicht erhalten, so finden Sie diese sicher im Naturkostladen oder Reformhaus.

Register nach Sachgruppen

Alphabetisches Register